Frank Bansen

Sanktionen

nach dem SGB II

Einführung

Rechtsprechung

Fälle und Lösungen

Musterbescheide

Impressum

ISBN-13: 978 - 1975761790

ISBN-10: 1975761790

Verfasser: Frank Bansen, Gummersbach

Herstellung und Druck: siehe letzte Seite

Inhalt

Abkürzungsverzeichnis		4
Vorwort		5
1.	Einführung und Überblick	6
2.	Grundsatz des Forderns	10
3.	Anforderungen an den Sanktionsbescheid	12
4.	Rechtsfolgenbelehrung	30
5.	Wichtiger Grund	40
6.	Sonstige Voraussetzungen nach § 31 SGB II (Eingliederungsvereinbarung, zumutbare Arbeit etc.)	53
7.	Sonstige Voraussetzungen nach § 32 SGB II (Meldeaufforderung, Untersuchung)	76
8.	Rechtsfolgen	86
8.1	Wiederholte Pflichtverletzung	88
8.2	Besonderheiten bei Personen unter 25 Jahren	93
8.3	Sachleistungen und geldwerte Leistungen	98
8.4	Kranken- und Pflegeversicherung	102
9.	Beginn und Dauer der Minderung	104
10.	Verständlichkeit	107
10.1	Einfachheit	107
10.2	Gliederung/Ordnung	107
10.3	Kürze/Prägnanz	108
10.4	Beispiele	108
10.5	Weitere Erkenntnisse der Verständlichkeitsforschung	109
Anhang I	Fälle und Lösungen	116
Anhang II	Musterbescheide	131
Stichwortverzeichnis		147
Literaturverzeichnis		149

Abkürzungsverzeichnis

Abs.	Absatz
a. F.	alte Fassung
ALG II	Arbeitslosengeld II
Art.	Artikel
BA	Bundesagentur für Arbeit
BAföG	Bundesausbildungsförderungsgesetz
BAG	Bundesarbeitsgericht
BGB	Bürgerliches Gesetzbuch
BMAS	Bundesministerium für Arbeit und Soziales
BSG	Bundessozialgericht
BSHG	Bundessozialhilfegesetz
BVerfG	Bundesverfassungsgericht
BVerwG	Bundesverwaltungsgericht
EGV	Eingliederungsvereinbarung
EGVA	Eingliederungsverwaltungsakt
etc.	et cetera
ff.	fortfolgende (Paragraphen/Seiten)
gem.	gemäß
GG	Grundgesetz
i. d. R.	in der Regel
i. S. d.	im Sinne des
i. V. m.	in Verbindung mit
lit.	Litera (Buchstabe)
LSG	Landessozialgericht
n.	nach
n. d.	nach dem
n. F.	neue Fassung
Nr.	Nummer
S.	Satz
SG	Sozialgericht
SGB I	Sozialgesetzbuch – Erstes Buch (I) – Allgemeiner Teil
SGB II	Sozialgesetzbuch – Zweites Buch (II) – Grundsicherung für Arbeitsuchende
SGB III	Sozialgesetzbuch – Drittes Buch (III) – Arbeitsförderung
SGB X	Sozialgesetzbuch – Zehntes Buch (X) – Sozialverwaltungsverfahren und Sozialdatenschutz
SGG	Sozialgerichtsgesetz
u. a.	unter anderem, und andere(s)
u. U.	unter Umständen
z. B.	zum Beispiel
z. Z.	zur Zeit

Vorwort

Die Sanktion gehört zu den umstrittensten und schwierigsten Instrumenten des SGB II. Sie bildet die Schnittstelle zwischen den Leistungen zur Eingliederung in Arbeit und den Leistungen zur Sicherung des Lebensunterhalts.

Das Recht der Sanktionen ist gekennzeichnet durch viele Änderungen des Gesetzes und eine Flut an Rechtsprechung. An der Dynamik und Komplexität der Materie scheitern die Jobcenter oft – zu oft. Das kostet Zeit, Geld, Ruf und Autorität der Jobcenter sowie das Vertrauen der Leistungsberechtigten in die Sanktionsbescheide.

Im Jahr 2016 haben die Jobcenter 939.133 Sanktionen ausgesprochen; die Sanktionsbeträge summierten sich auf 175 Mio. Euro. Die Stattgabequote bei Widersprüchen gegen Sanktionen lag bei 37 %.

Die Probleme der Jobcenter gründen vor allem in abstrakten, allgemeinen und unverständlichen Textbausteinen sowie in einem Mangel an Fortbildung.

Dieses Buch beantwortet die Kernfragen der Praxis:
Wie gestalte ich einen rechtmäßigen Sanktionsbescheid?
Wie prüfe ich dessen Rechtmäßigkeit?

Neben der rechtlichen Dimension hat das Thema auch politische, ideologische und moralische Aspekte; zu diesen äußert sich der Autor nicht.

Das Buch soll mehr Rechtssicherheit bringen, mehr Erfolg vor Gericht und mehr Vertrauen der Leistungsberechtigten in die Arbeit der Jobcenter. Es soll den Mitarbeitern der Jobcenter helfen, die Komplexität des Gesetzes zu beherrschen und die Qualität ihrer Arbeit zu verbessern.

Das Buch erklärt systematisch Voraussetzungen und Rechtsfolgen einer Sanktion, liefert den aktuellen Stand der Rechtsprechung und zeigt, wie sich Rechtssicherheit und Verständlichkeit vereinen lassen.

Frank Bansen, 19. August 2017

1. Einführung und Überblick

Der erwerbsfähige Leistungsberechtigte muss alle Möglichkeiten ausschöpfen, um seine Hilfebedürftigkeit zu beenden oder zu verringern. Das folgt aus dem Grundsatz des Forderns (§ 2 SGB II).

Die §§ 31 ff. SGB II konkretisieren diesen Grundsatz dahingehend, dass bestimmte Pflichtverletzungen sanktioniert werden durch **Minderung** oder **Wegfall** des **Arbeitslosengeldes II**:

Meldeversäumnis (§ 32 SGB II)	Sanktionen
Der Leistungsberechtigte • verstößt gegen eine **Meldeaufforderung** des Jobcenters* • erscheint nicht bei einer ärztlichen oder psychologischen **Untersuchung**, zu der das Jobcenter aufgefordert hat*.	**Minderung** des Regelbedarfs um jeweils **10 %** für jedes Meldeversäumnis. Übersteigt die Kürzung des Regelbedarfs 30 %, *kann* das Jobcenter auf Antrag in angemessenem Umfang ergänzende **Sachleistungen** erbringen oder geldwerte Leistungen (z. B. Lebensmittelgutscheine); dies *muss* es, wenn der Leistungsberechtigte mit minderjährigen Kindern in einem Haushalt lebt.

Pflichtverletzung (§ 31 Abs. 1 und 2 SGB II)	Sanktionen
Der Leistungsberechtigte weigert sich, • in der **Eingliederungsvereinbarung** festgelegte Pflichten zu erfüllen	**Minderung** des Regelbedarfs um **30 %**. **Wiederholt** der Leistungsberechtigte eine Pflichtverletzung, wird der Regelbedarf

- Pflichten zu erfüllen, die mit einem die Eingliederungsvereinbarung ersetzenden Verwaltungsakt festgelegt wurden
- zumutbare **Arbeit oder Ausbildung** aufzunehmen oder fortzuführen
- eine zumutbare **Arbeitsgelegenheit** oder ein nach § 16e gefördertes Arbeitsverhältnis aufzunehmen oder fortzuführen.

Der Leistungsberechtigte verhindert durch sein Verhalten die Anbahnung einer Arbeit, einer Ausbildung, einer Arbeitsgelegenheit oder eines geförderten Arbeitsverhältnisses.

Der Leistungsberechtigte hat eine zumutbare **Eingliederungsmaßnahme** nicht angetreten, abgebrochen oder den Abbruch veranlasst.

Der Leistungsberechtigte

- hat nach Vollendung des 18. Lebensjahres sein **Einkommen** oder **Vermögen** in der Absicht gemindert, die Voraussetzungen für das Arbeitslosengeld II oder dessen Erhöhung herbeizuführen*

bei der **ersten Wiederholung** um **60 %** gekürzt.
Bei jeder **weiteren Wiederholung** fällt das Arbeitslosengeld II weg.

Als wiederholte Pflichtverletzung gilt eine Pflichtverletzung innerhalb eines Jahres seit Beginn des vorangegangenen Sanktionszeitraumes.

Übersteigt die Minderung des Regelbedarfs 30 %, *kann* das Jobcenter auf Antrag in angemessenem Umfang ergänzende **Sachleistungen** erbringen oder geldwerte Leistungen (z. B. Lebensmittelgutscheine); dies *muss* es, wenn der Leistungsberechtigte mit minderjährigen Kindern in einem Haushalt lebt.

Das Jobcenter kann die Minderung auf **60 %** des Regelbedarfs begrenzen, wenn sich der Leistungsberechtigte nachträglich **bereit erklärt**, seinen Pflichten nachzukommen.

Beträgt die Minderung mindestens 60 % des Regelbedarfs soll das Jobcenter die Unterkunfts- und Heizkosten direkt an den Vermieter überweisen.

- setzt trotz Belehrung über die Rechtsfolgen oder deren Kenntnis sein **unwirtschaftliches Verhalten** fort*.

Die Agentur für Arbeit stellt fest, dass der Anspruch auf Arbeitslosengeld ruht oder erloschen ist, weil sie eine **Sperrzeit** oder das Erlöschen des Anspruchs festgestellt hat (die Entscheidung bindet das Jobcenter).

Das Jobcenter stellt fest, dass die Voraussetzungen für eine Sperrzeit erfüllt wären (Sperrzeitfiktion).

Besonderheit bei unter 25-Jährigen:

Leistungsberechtigte unter 25 Jahren erhalten nur noch Leistungen für Unterkunft und Heizung.

Bei wiederholter Pflichtverletzung fällt das Arbeitslosengeld II weg.

Das Jobcenter *kann* Leistungen für Unterkunft und Heizung erbringen, wenn sich der Leistungsberechtigte nachträglich **bereit erklärt,** seinen Pflichten nachzukommen.

In den mit * gekennzeichneten Fällen gelten Minderung und Wegfall für Bezieher von **Sozialgeld** entsprechend. Das gilt auch für die Regeln der Beweislastumkehr (§ 31a Abs. 4, § 32 SGB II).

Ein nicht erwerbsfähiger Leistungsberechtigter kann seine Pflicht z. B. verletzen, wenn er ohne wichtigen Grund zu einer ärztlichen oder psychologischen Untersuchung nicht erscheint, obwohl ihn das Jobcenter hierzu aufgefordert hat, weil er ein Vermittlungshindernis für den erwerbsfähigen Partner darstellt, z. B. weil er von Alkohol abhängig ist und deshalb nur der erwerbsfähige Partner ein zum Haushalt gehörendes Kind betreuen kann.

Auch bei wiederholter Pflichtverletzung bleibt der Anspruch auf sonstige Leistungen zur Eingliederung erhalten, das gilt besonders für **Beratung** und **Betreuung**.

Unwirtschaftliches Verhalten liegt vor, wenn ein Leistungsberechtigter bei allen oder einzelnen seiner Handlungen jede wirtschaftlich vernünftige Betrachtungsweise vermissen lässt und hierbei sein Verhalten wesentlich vom Durchschnitt abweicht. Hierbei ist auch zu berücksichtigen, dass ihm die Hilfe durch die Allgemeinheit gewährt wird.

Die **Sonderregelungen** für **junge Erwerbsfähige** entspringen dem Willen des Gesetzgebers, bei jungen Menschen von vornherein der Langzeitarbeitslosigkeit entgegenzuwirken.

Die Pflichtverletzungen nach § 31 Abs. 1 und § 32 SGB II bleiben für den Leistungsberechtigten ohne Folgen, wenn er einen **wichtigen Grund** für sein Verhalten darlegt und nachweist.

Hierdurch tritt eine Beweislastumkehr ein. Der Leistungsberechtigte muss die einen wichtigen Grund begründenden Tatsachen nachweisen, die sich aus seiner Sphäre oder seiner Verantwortung ergeben.

Die Handlungen oder Unterlassungen des Leistungsberechtigten dürfen nur sanktioniert werden, wenn er in den Fällen des § 31 Abs. 1 und des § 32 über die **Rechtsfolgen** schriftlich belehrt wurde oder diese kennt. Das gilt auch beim unwirtschaftlichen Verhalten, doch ist hier die Form der Belehrung nicht vorgeschrieben.

Die **Belehrung** soll dem Leistungsberechtigten ermöglichen, die konkreten Folgen einer Pflichtverletzung hinreichend zu erkennen.

Minderung und Wegfall dauern **3 Monate**. Bei erwerbsfähigen Leistungsberechtigten **unter 25 Jahren** *kann* das Jobcenter die Minderung des Regelbedarfs und der Mehrbedarfe auf **6 Wochen** kürzen. Im Falle einer **Sperrzeit** treten Minderung und Wegfall mit Beginn der Sperrzeit ein, im Übrigen mit Beginn des Monats, der auf die Bekanntgabe des Verwaltungsaktes folgt, der die Minderung oder den Wegfall der Leistung feststellt (§ 31b Abs. 1 SGB II i. V. m. § 39 Abs. 1 SGB X).

Die Minderung ist innerhalb von sechs Monaten ab dem Zeitpunkt der Pflichtverletzung festzustellen.

Während der Minderung oder des Wegfalls der Leistungen besteht **kein Anspruch auf *Hilfe zum Lebensunterhalt* nach dem SGB XII** (§ 31b Abs. 2 SGB II, § 21 SGB XII).

Zudem besteht **kein Anspruch auf eine vorzeitige Leistung** nach § 42 Abs. 2 SGB II, wenn der Leistungsanspruch im Folgemonat durch eine Sanktion gemindert ist.

Mit dem Ende des Leistungsbezuges endet der **Kranken- und Pflegeversicherungsschutz** nach § 5 Abs. 1 Nr. 2a SGB V und § 20 Abs. 1 Nr. 2a SGB XI.

2. Grundsatz des Forderns

§ 2 SGB II Grundsatz des Forderns

(1) Erwerbsfähige Leistungsberechtigte und die mit ihnen in einer Bedarfsgemeinschaft lebenden Personen müssen <u>alle Möglichkeiten zur Beendigung oder Verringerung ihrer Hilfebedürftigkeit ausschöpfen</u>. Eine erwerbsfähige leistungsberechtigte Person muss aktiv an allen Maßnahmen zu ihrer Eingliederung in Arbeit mitwirken, insbesondere eine Eingliederungsvereinbarung abschließen. Wenn eine Erwerbstätigkeit auf dem allgemeinen Arbeitsmarkt in absehbarer Zeit nicht möglich ist, hat die erwerbsfähige leistungsberechtigte Person eine ihr angebotene zumutbare Arbeitsgelegenheit zu übernehmen.

(2) Erwerbsfähige Leistungsberechtigte und die mit ihnen in einer Bedarfsgemeinschaft lebenden Personen haben <u>in eigener Verantwortung alle Möglichkeiten zu nutzen, ihren Lebensunterhalt aus eigenen Mitteln und Kräften zu bestreiten</u>. Erwerbsfähige Leistungsberechtigte müssen ihre Arbeitskraft zur Beschaffung des Lebensunterhalts für sich und die mit ihnen in einer Bedarfsgemeinschaft lebenden Personen einsetzen.

Normzweck:

Der Grundsatz des Forderns regelt den Nachrang der Leistungen nach dem SGB II und verpflichtet Leistungsberechtigte und mit ihm in einer Bedarfsgemeinschaft lebende Personen, Verantwortung für sich und ihre Angehörigen zu übernehmen.

Die Verfassung fordert **keine bedarfsunabhängigen, voraussetzungslosen Sozialleistungen.** Deshalb muss der erwerbsfähige Leistungsberechtigte alle Möglichkeiten ausschöpfen, um seine Hilfebedürftigkeit zu beenden oder zu verringern. Dazu gehört vor allem der Einsatz der Arbeitskraft.

Das **Grundrecht auf Sicherung eines menschenwürdigen Existenzminimums** greift nur, wenn andere Mittel hierfür nicht zur Verfügung stehen. Der Staat muss die Menschenwürde schützen, wenn einem Menschen die notwendigen Mittel für ein menschenwürdiges Dasein fehlen, weil er sie weder aus Erwerbstätigkeit, noch aus Vermögen oder durch Zuwendungen Dritter erhalten kann.

Das Prinzip des Fördern und Forderns besagt, dass eine Person, die mit dem Geld der Steuerzahler in einer Notsituation unterstützt wird, mithelfen muss, ihre Situation zu verbessern. Eine Person, die hilfebedürftig ist, weil sie keine Arbeit findet, kann mit der **Unterstützung der Gemeinschaft** rechnen. Im Gegenzug muss sie **alles unternehmen, um ihren Lebensunterhalt wieder selbst zu verdienen.**

Diesen Prozess begleiten die Jobcenter mit Anreizen und Sanktionen. Anreize mögen in den meisten Fällen wirksamer sein; doch ist der Gesetzgeber zum Schutz der Steuerzahler auch berechtigt, mit Sanktionen zu drohen.

3. Anforderungen an den Sanktionsbescheid

§ 24 SGB X Anhörung Beteiligter

(1) Bevor ein Verwaltungsakt erlassen wird, der in Rechte eines Beteiligten eingreift, ist diesem <u>Gelegenheit zu geben, sich zu den für die Entscheidung erheblichen Tatsachen zu äußern</u>.
...

§ 33 SGB X Bestimmtheit und Form des Verwaltungsaktes

(1) Ein Verwaltungsakt muss <u>inhaltlich hinreichend bestimmt</u> sein.

(2) Ein Verwaltungsakt kann schriftlich, elektronisch, mündlich oder in anderer Weise erlassen werden. ...

(3) Ein schriftlicher oder elektronischer Verwaltungsakt muss die erlassende <u>Behörde</u> erkennen lassen und die <u>Unterschrift</u> oder die <u>Namenswiedergabe</u> des Behördenleiters, seines Vertreters oder seines Beauftragten enthalten. ...

§ 35 SGB X Begründung des Verwaltungsaktes

(1) Ein schriftlicher oder elektronischer sowie ein schriftlich oder elektronisch bestätigter Verwaltungsakt ist mit einer <u>Begründung</u> zu versehen. In der Begründung sind die <u>wesentlichen tatsächlichen und rechtlichen Gründe</u> mitzuteilen, die die Behörde zu ihrer Entscheidung bewogen haben. Die Begründung von Ermessensentscheidungen muss auch die <u>Gesichtspunkte</u> erkennen lassen, <u>von denen die Behörde bei der Ausübung ihres Ermessens ausgegangen ist</u>.

§ 36 SGB X Rechtsbehelfsbelehrung

Erlässt die Behörde einen schriftlichen Verwaltungsakt oder bestätigt sie schriftlich einen Verwaltungsakt, ist der durch ihn beschwerte Beteiligte über den Rechtsbehelf und die Behörde oder das Gericht, bei denen der Rechtsbehelf anzubringen ist, deren Sitz, die einzuhaltende Frist und die Form schriftlich zu belehren. Erlässt die Behörde einen elektronischen Verwaltungsakt oder bestätigt sie elektronisch einen Verwaltungsakt, hat die Rechtsbehelfsbelehrung nach Satz 1 elektronisch zu erfolgen.

§ 37 SGB X Bekanntgabe des Verwaltungsaktes

(1) Ein Verwaltungsakt ist demjenigen Beteiligten bekannt zu geben, für den er bestimmt ist oder der von ihm betroffen wird. Ist ein Bevollmächtigter bestellt, kann die Bekanntgabe ihm gegenüber vorgenommen werden.

(2) Ein schriftlicher Verwaltungsakt, der im Inland durch die Post übermittelt wird, gilt am dritten Tag nach der Aufgabe zur Post als bekannt gegeben. Ein Verwaltungsakt, der im Inland oder Ausland elektronisch übermittelt wird, gilt am dritten Tag nach der Absendung als bekannt gegeben. Dies gilt nicht, wenn der Verwaltungsakt nicht oder zu einem späteren Zeitpunkt zugegangen ist; im Zweifel hat die Behörde den Zugang des Verwaltungsaktes und den Zeitpunkt des Zugangs nachzuweisen.
...

§ 39 SGB X Wirksamkeit des Verwaltungsaktes

(1) Ein Verwaltungsakt wird gegenüber demjenigen, für den er bestimmt ist oder der von ihm betroffen wird, in dem Zeitpunkt wirksam, in dem er ihm bekannt gegeben wird. Der Verwaltungsakt wird mit dem Inhalt wirksam, mit dem er bekannt gegeben wird.

(2) Ein Verwaltungsakt bleibt wirksam, solange und soweit er nicht zurückgenommen, widerrufen, anderweitig aufgehoben oder durch Zeitablauf oder auf andere Weise erledigt ist.

(3) Ein nichtiger Verwaltungsakt ist unwirksam.

Verwaltungsakt (§§ 31 ff. SGB X)

Ein Sanktionsbescheid muss grundsätzlich **allen** Anforderungen genügen, die das SGB X an Verwaltungsakte stellt.

Begriff

„Verwaltungsakt ist

- jede Verfügung, Entscheidung oder andere hoheitliche **Maßnahme**
- die eine **Behörde**
- zur **Regelung**
- eines **Einzelfalles**
- auf dem Gebiet des **öffentlichen Rechts** trifft und
- die auf unmittelbare **Rechtswirkung nach außen** gerichtet ist."

(§ 31 S. 1 SGB X)

Ein Verwaltungsakt kann schriftlich, elektronisch, mündlich oder in anderer Weise erlassen werden (§ 33 Abs. 2 S. 1 SGB X).

Anhörung

Bevor ein Verwaltungsakt erlassen wird, der in die Rechte eines Beteiligten eingreift, ist diesem grundsätzlich Gelegenheit zu geben, sich zu den für die Entscheidung erheblichen Tatsachen zu äußern (§ 24 SGB X). Eine solche Anhörung geht also dem Bescheid voraus.

Bekanntgabe/Wirksamkeit

Ein Verwaltungsakt **wird** nur dann **wirksam**, wenn er demjenigen bekannt gegeben wird, für den er bestimmt ist oder der von ihm betroffen wird (§ 39 Abs. 1 SGB X). Die Bekanntgabe besteht in der **Möglichkeit** des Adressaten, von dem Verwaltungsakt **Kenntnis zu nehmen**. Dazu muss ihm ein schriftlicher Verwaltungsakt zugegangen sein. Auch demjenigen, der alle Behördenpost ungeöffnet in den Papierkorb wirft, ist ein Verwaltungsakt bekannt gegeben. Auf die Kenntnisnahme durch den Adressaten kommt es nicht an.

Ein Verwaltungsakt **bleibt wirksam**, solange und soweit er nicht zurückgenommen, widerrufen, anderweitig aufgehoben oder durch Zeitablauf oder auf andere Weise erledigt ist (§ 39 Abs. 2 SGB X).

Erlassende Behörde (Absender)

Ein schriftlicher Verwaltungsakt **muss** die erlassende Behörde erkennen lassen (§ 33 Abs. 3 SGB X). Der Bürger wird hierdurch in die Lage versetzt, die Zuständigkeit zu prüfen; ein Bescheid ist nur dann rechtmäßig, wenn er von der örtlich, sachlich und instanziell zuständigen Behörde erlassen wurde.

Bei der Verwendung von vorgedruckten Kopfbogen dürfte es in aller Regel keine Probleme geben. Vorsicht ist jedoch geboten bei Bescheiden, die mit elektronischen Datenverarbeitungsanlagen hergestellt werden. Hier finden wir gelegentlich Absenderangaben, wie Gemeindeverwaltung X oder Bürgermeisteramt Y; die führen *ohne Evidenznachweis* zur **Nichtigkeit** des Bescheides (§ 40 Abs. 2 Nr. 1 SGB X). Das gleiche gilt für „Jobcenter Oberbergischer Kreis".

Bescheidempfänger (Adressat)

Um eine ordnungsgemäße Bekanntgabe zu ermöglichen und dem Verwaltungsakt damit zur Wirksamkeit zu verhelfen, bedarf es in aller Regel einer **vollständigen** und korrekten **Anschrift**.

Der Verwaltungsakt ist in der Regel an den Beteiligten zu richten. Ist für das Verfahren ein Bevollmächtigter bestellt, muss sich die Behörde grundsätzlich an ihn wenden.

Ort und Zeitangabe

In der Literatur wird teilweise die Forderung erhoben, dass aus einem schriftlichen Verwaltungsakt, Ort und Zeit des Erlasses eindeutig zu ersehen sein müssen. Vorgeschrieben ist dies aber weder im Verwaltungsverfahrensgesetz noch im SGB X.

Die **Angabe des Datums** ist jedoch **zweckmäßig** und dringend zu empfehlen; auch wenn das Fehlen des Datums grundsätzlich keinen Verfahrensmangel darstellt.

Der Tag der **Aufgabe zur Post** sollte auf der **Aktenausfertigung** des Verwaltungsaktes vermerkt werden, auch wenn dies nur vorgeschrieben ist für die Zustellung durch die Post mittels eingeschriebenen Briefes (§ 4 Abs. 2 Verwaltungszustellungsgesetz).

Bezeichnung des Bescheides

Die Selbstbezeichnung des Verwaltungsaktes, z. B. als „Anordnung", „Verfügung", „Bescheid" ist **nicht erforderlich** und rechtlich in der Regel unerheblich. Aus Gründen der Klarheit und Verständlichkeit des Bescheides empfiehlt es sich jedoch, (möglichst kurze!) Angaben im Betreff und Bezug dem eigentlichen Bescheid voranzustellen; z. B.:
Einmalige Beihilfe für ein iPhone 6
Ihr Antrag vom 03.11.2016;
oder:
Minderung der Leistungen nach dem SGB II
Mein Bewilligungsbescheid vom 23.02.2017.

Anrede, Gruß- und Schlussformel

Auch diese Teile des Bescheides besitzen in der Regel **keine rechtliche Relevanz**. Dienstleistungsverständnis sowie Höflichkeit und Achtung im Umgang mit dem Bürger gebieten jedoch angemessene Anrede- und Schlussformulierungen. Bei besonders belastenden und in die Rechte des Betroffenen eingreifenden Verwaltungsakten empfiehlt sich, die Standardformulierung „Freundliche Grüße" z. B. durch ein eher etwas veraltetes „Hochachtungsvoll" zu ersetzen.

Entscheidungstenor

Dem Entscheidungstenor (Verfügungssatz) kommt die **zentrale Bedeutung** zu; er ist der eigentliche Inhalt des Verwaltungsaktes. Aus diesem Grunde sollte der Verfügungssatz auch **äußerlich** von der Begründung **abgehoben** werden, ggf. gefolgt von Nebenbestimmungen.

Inhalt und Sinn des Verwaltungsaktes ergeben sich aus dem Verfügungssatz. Nur wenn dieser für sich allein nicht klar und verständlich ist, ist die Begründung heranzuziehen, um den Willen der Behörde zu ermitteln.

Grundsatz des Vorrangs des Gesetzes

Das Gesetz ist abstrakt und allgemein; es wirkt in der Regel nicht unmittelbar auf den Einzelnen. Der Verwaltungsakt konkretisiert das Gesetz; er begünstigt oder belastet den Einzelnen: Deshalb muss er **mit den Rechtsnormen vereinbar** sein, deren Vollzug er dient. Auch muss er mit allen einschlägigen Rechtsvorschriften und -grundsätzen im Einklang stehen, einschließlich denen der Verfassung. Das Vorrangprinzip gilt *uneingeschränkt* und *unbedingt* für die gesamte Verwaltung.

Ermächtigungsgrundlage

Der Verwaltungsakt muss sich ferner auf eine **gesetzliche Grundlage** stützen lassen, soweit der Grundsatz des **Vorbehaltes des Gesetzes** reicht.

Nach dem Vorbehaltsprinzip darf die Verwaltung nur tätig werden, wenn das Gesetz sie dazu ermächtigt. Nach **§ 31 SGB I** dürfen in den Sozialleistungsbereichen des Sozialgesetzbuches Rechte und Pflichten nur begründet, festgestellt, geändert oder aufgehoben werden, soweit ein Gesetz es vorschreibt oder zulässt (sog. **Totalvorbehalt**).

Es besteht keine Pflicht, eine Rechtsgrundlage bereits im Entscheidungstenor zu nennen.

Ermessensfehlerfreiheit

Die Behörde hat in der Regel einen gewissen Handlungs- und Entscheidungsspielraum, wenn ihr Ermessen eingeräumt ist; sie muss aber die **gesetzlichen Grenzen** des Ermessens einhalten und ihr Ermessen entsprechend dem **Zweck der Ermächtigung** ausüben (§ 39 Abs. 1 SGB I). Werden diese Ermessensbindungen nicht beachtet, ist der Verwaltungsakt ermessensfehlerhaft und damit rechtswidrig.

Grundsatz der Verhältnismäßigkeit

Der Grundsatz der Verhältnismäßigkeit, gelegentlich wird auch vom Übermaßverbot gesprochen, ergibt sich aus dem Rechtsstaatsprinzip und hat Verfassungsrang. Er ist vor allem beim Erlass belastender Verwaltungsakte zu beachten und stellt auf die Zweck-Mittel-Relation ab.

Eine Maßnahme, die als Mittel zur Erreichung eines bestimmten Zwecks (oder Erfolgs) eingesetzt wird, muss **geeignet, notwendig** und **verhältnismäßig im engeren Sinne** sein.

Eine Maßnahme ist nur *geeignet*, wenn sie den erstrebten Erfolg zu erreichen vermag. Die geeignete Maßnahme ist nur *notwendig*, wenn nicht andere geeignete mildere Mittel zur Verfügung stehen, die den Betroffenen und die Allgemeinheit weniger beeinträchtigen. Die notwendige Maßnahme ist nur *verhältnismäßig* im engeren Sinne, wenn sie nicht außer Verhältnis zum erstrebten Erfolg steht.

Grundsatz der Bestimmtheit

Ein Verwaltungsakt muss inhaltlich hinreichend bestimmt sein (§ 33 Abs. 1 SGB X).

Der Bescheid muss den Willen der Behörde **bestimmt, eindeutig** und **vollständig** zum Ausdruck bringen. Der Betroffene muss klar und sicher erkennen können, was die Behörde beabsichtigt und von ihm erwartet.

Wird eine Sozialleistung gewährt, so gehört zur inhaltlichen Bestimmtheit des Leistungsbescheides die *Bezeichnung* der Leistung (z. B.

Leistungen zur Sicherung des Lebensunterhalts), die *Höhe* der Leistung und ggfs. die *Art der Bewirkung* (vor allem bei Sachleistungen).

Bei belastenden Verwaltungsakten (z. B. Rückforderungen) muss der Bescheid ein klares *Leistungsgebot* enthalten, wenn nicht nur dem Grunde nach zurückgefordert wird. Dies erfordert die Angabe eines bestimmten Betrages, einer Fälligkeit und möglichst die exakte Bezeichnung des Leistungsempfängers. Beispiele für Sanktionsbescheide finden Sie im Anhang.

Weitere Rechtmäßigkeitsvoraussetzungen

Maßgebend sind hier besonders die *Rechtslogik* und die *Grenzen des Faktischen*. So kann ein Verwaltungsakt nur rechtmäßig sein, wenn er auf einen tatsächlich und rechtlich **möglichen Erfolg** gerichtet ist. Ferner darf der Bescheid weder gegen die **guten Sitten** verstoßen, noch eine Tat verlangen, die einen **Straf- oder Bußgeldtatbestand** verwirklicht.

Begründung

Ein schriftlicher oder schriftlich bestätigter Verwaltungsakt ist zu begründen (§ 35 Abs. 1 SGB X). Die Begründungspflicht dient der Transparenz und der Nachprüfbarkeit des Verwaltungshandelns.

Sie soll überflüssigen Rechtsbehelfen vorbeugen **(Befriedungsfunktion)** und die Rechtsverfolgung bei fehlerhaften Verwaltungsakten erleichtern **(Rechtsschutzfunktion)**.

Die *Behörde* soll durch die Begründung eines Bescheides dazu veranlasst werden, die tatsächlichen und rechtlichen Voraussetzungen eines Verwaltungsaktes sorgfältig zu *prüfen*. Zugleich soll die Begründung dem *Betroffenen* ermöglichen, Inhalt und Tragweite des Verwaltungsaktes zu erkennen und die der Entscheidung zugrunde gelegten Feststellungen und Erwägungen auf ihre Stichhaltigkeit zu *kontrollieren*.

Inhalt der Begründung

Die Begründungspflicht beschränkt sich auf die **wesentlichen, tatsächlichen** und **rechtlichen Gründe**. Die Behörde braucht also unwesentliche Gründe nicht mitzuteilen. Sie darf sich aber auch nicht auf eine reine Wiederholung des gesetzlichen Tatbestandes beschränken.

Daraus folgt, die Behörde muss nur die Erwägungen bekannt geben, die ihre Entscheidung *tragen*. Sie muss sich nicht ausdrücklich mit allen in Betracht kommenden Umständen und Einzelüberlegungen auseinandersetzen. Das gilt vor allem für tatsächliches und rechtliches Vorbringen der Beteiligten, soweit es für die Entscheidung der Behörde ohne Bedeutung ist.

Die Anforderungen an Umfang und Vollständigkeit der Begründung richten sich grundsätzlich nach der Lage des jeweiligen *Einzelfalles*. Als Faustformel kann hier gelten: Die Begründung muss umso umfangreicher sein, je stärker eine Entscheidung in die Rechte des Betroffenen eingreift und je umstrittener sie voraussichtlich sein wird.

Die Angabe der **einschlägigen Rechtsgrundlagen** sollte selbstverständlich sein. Fraglich ist, ob auch die jeweiligen Fundstellen anzugeben sind. Dieses wird zwar vereinzelt in der Literatur gefordert, aber, soweit ersichtlich, nicht von der Rechtsprechung. Auch ergibt sich eine solche „Pflicht" nicht unmittelbar aus dem SGB X.

Sinnvoller als die Angabe bisweilen schwer zugänglicher Fundstellen mag im Regelfall die Gelegenheit zur Einsichtnahme der Rechtsnormen unmittelbar bei der Behörde sein. Wird dennoch die Fundstelle angegeben, so ist hier größte Vorsicht geboten, da man angesichts der Kurzlebigkeit unserer Rechtsnormen leicht Gefahr läuft, die falschen Fundstellen zu bezeichnen.

Hatte die Behörde einen Ermessensspielraum, so *muss* sie auch die Gesichtspunkte erkennen lassen, von denen sie bei der Ausübung des Ermessens ausgegangen ist (§ 35 Abs. 1 S. 3 SGB X).

Die **Begründungen von Ermessensentscheidungen** sind von besonderer Bedeutung. Hier müssen die Umstände des Einzelfalles gewürdigt werden. Nicht erforderlich ist, sämtliche erwogenen Umstände und sämtliche in Betracht gezogenen Erwägungen in die Begründung aufzunehmen.

Ausnahmen von der Begründungspflicht

Einer Begründung bedarf es nach § 35 Abs. 2 SGB X nicht,

- soweit die Behörde einem **Antrag stattgibt** und Dritte durch den Verwaltungsakt nicht belastet
- soweit die Auffassung der Behörde über die Sach- und Rechtslage dem Betroffenen bereits bekannt oder auch ohne schriftliche Begründung für ihn ohne weiteres erkennbar ist
- wenn Verwaltungsakte in größerer Zahl oder mit Hilfe automatischer Einrichtungen erlassen werden und die Begründung nach den Umständen des Einzelfalles nicht geboten ist
- wenn sich dies aus einer Rechtsvorschrift ergibt
- wenn eine Allgemeinverfügung öffentlich bekannt gegeben wird.

Diese Ausnahmen greifen bei Sanktionsbescheiden in aller Regel nicht.

Rechtsbehelfsbelehrung

Das Sozialgesetzbuch verpflichtet die Jobcenter, wenn sie einen schriftlichen oder elektronischen Verwaltungsakt erlassen, den Beteiligten über die notwendigen Einzelheiten des Rechtsbehelfs zu belehren (§ 36 SGB X). Hierzu gehören

- der **Rechtsbehelf**
- die **Behörde** oder das **Gericht**, bei denen der Rechtsbehelf anzubringen ist
- deren **Sitz**
- die einzuhaltende **Frist** und
- die **Form**.

An die Richtigkeit und Vollständigkeit der Belehrung stellen die Gerichte **strenge Anforderungen**.

Das Fehlen einer Rechtsbehelfsbelehrung, sei diese ausdrücklich gefordert oder nicht, hat keinen Einfluss auf die Rechtswirksamkeit des Verwaltungsaktes, sondern stets „nur" die Folge, dass die *Anfechtungsfrist* nicht zu laufen beginnt. Stattdessen wird eine besondere Anfechtungsfrist von *einem Jahr* in Lauf gesetzt (§ 66 SGG). Die unrichtige oder unvollständige Rechtsbehelfsbelehrung steht der fehlenden gleich.

Unterschrift, Aktenverfügung

Ein schriftlicher Verwaltungsakt muss die **Unterschrift** oder die **Namenswiedergabe** des Behördenleiters, seines Vertreters oder seines Beauftragten enthalten (§ 33 Abs. 3 SGB X). Bei genormten Massenverwaltungsakten kann die Unterschrift gedruckt sein oder weggelassen werden. Die bei den Akten verbleibende Urschrift des Verwaltungsaktes ist mit dem vollen Namen des Unterzeichners oder mit den Anfangsbuchstaben seines Namens paraphiert.

Nach der Rechtsprechung muss die Unterschrift grundsätzlich einen **Bezug zum Namen** haben.

Nach § 16 SGB X **ausgeschlossene Personen** dürfen in einem Verwaltungsverfahren für eine Behörde nicht tätig werden. Dies ist z. B. dann der Fall, wenn jemand selbst Beteiligter oder Angehöriger eines Beteiligten ist.

Ferner dürfen Bedienstete der Behörde in der Regel nicht tätig werden, wenn die Besorgnis der **Befangenheit** besteht.

Die Rechtmäßigkeit eines Bescheides setzt auch voraus, dass dieser frei von Willensmängeln zustande gekommen ist. Dies bedeutet, dass z. B. weder Alkoholkonsum noch arglistige Täuschung, Drohung oder Bestechung Einfluss auf die Entscheidung haben dürfen.

Rechtsprechung:

LSG Berlin-Brandenburg, Beschluss vom 12.07.2007, L 28 B 1087/07 AS ER:
„Mit dem Bescheid vom 25. September 2006 hat der Antragsgegner eine monatliche **Absenkung** des Arbeitslosengeldes II für die Zeit vom 1. Oktober 2006 bis zum 31. Dezember 2006 "um 30 % der Regelleistung", höchstens jedoch in Höhe des dem Antragsteller zustehenden "Gesamtauszahlungsbetrages", "maximal" aber "in Höhe 104,00 EUR monatlich", verfügt. ...
Der **Umfang der Kürzung muss .. konkret und unmissverständlich ... dem Bescheid zu entnehmen sein.** Mangelt es an einer Bestimmtheit in diesem Sinne, kann dies nicht nach Ablauf des Sanktionszeitraumes nachträglich geheilt werden; dem steht der Gesetzeszweck des § 31 Abs. 6 Satz 1 SGB II entgegen... Die **mangelnde Bestimmtheit** eines Verwaltungsaktes **kann** (anders als seine fehlende Begründung) **nicht** nach § 41 SGB X **geheilt werden**, da es sich nicht um einen Formfehler handelt. Der ursprüngliche Verwaltungsakt leidet bei fehlender Bestimmtheit an einem besonders schweren Fehler...
Im vorliegenden Fall bestehen insoweit erhebliche Zweifel an der Rechtmäßigkeit des Sanktionsbescheides. Seinem Verfügungssatz ist ein **konkreter Absenkungsbetrag** nicht zu entnehmen. Er benennt lediglich einen Rahmen ..., um den die Regelleistung für den Sanktionszeitraum abgesenkt werden soll. Der Bescheidadressat, der Hilfebedürftige, kann einem solchen Verfügungssatz nicht mit der notwendigen unmissverständlichen Bestimmtheit entnehmen, um welchen konkreten Betrag die ihm bereits gewährte Regelleistung gekürzt wird und welcher Betrag ihm letztendlich damit für die Folgezeit, für den Sanktionszeitraum, konkret zur Sicherung seines Lebensunterhalts zur Verfügung steht."

LSG Nordrhein-Westfalen, Beschluss vom 24.09.2007, L 20 B 155/07 AS ER:
„Der Bescheid vom 19.04.2007 war zumindest zum Zeitpunkt seiner Bekanntgabe rechtswidrig. Denn die Antragsgegnerin hat die von ihr selbst gesetzte **Anhörungsfrist** bis zum 27.04.2007 nicht abgewartet."

LSG Nordrhein-Westfalen, Beschluss vom 26.11.2007, L 7 B 258/07 AS ER:
„Nach § 33 Abs. 1 SGB X ... muss ein Verwaltungsakt inhaltlich hinreichend bestimmt sein. Maßgebend ist in erster Linie der Wortlaut des Verwaltungsaktes; es genügt aber, wenn sich der Inhalt im Wege der Auslegung ermitteln lässt... Um inhaltlich hinreichend bestimmt zu sein, muss zuallererst der Verfügungssatz eines (Rücknahme)Bescheides so präzise wie möglich klarstellen, was geregelt wird. Deshalb ist auszuweisen, welcher Verwaltungsakt mit Wirkung zu welchem genauen Zeitpunkt zurückgenommen wird... Dieses **Gebot der inhaltlichen Bestimmtheit** findet auch auf Sachverhalte aus dem Bereich des SGB II, d.h. auch auf Absenkungen nach § 31 SGB II in Verbindung mit § 40 SGB II Anwendung... Erforderlich ist daher bei der Aufhebung

eine ausreichende Identifizierung des zurückzunehmenden Bewilligungsbescheides durch konkrete Benennung. Der Bescheid muss daher das **Datum des(der) aufzuhebenden Bescheide(s), Leistungsart, Bewilligungszeitraum, Leistungshöhe insgesamt** und den **Leistungsanteil der betroffenen Personen** nennen... Bei der Bestimmtheit nach § 33 SGB X handelt es sich um eine materiell-rechtliche Voraussetzung ...; eine Heilung nach § 41 SGB X kommt nicht in Betracht."

LSG Sachsen, Beschluss vom 28.04.2008, L 3 B 110/08 AS ER:
„Nach § 31 Abs. 6 Satz 3 SGB II kann bei erwerbsfähigen Hilfebedürftigen, die das 15., jedoch noch nicht das 25. Lebensjahr vollendet haben, die **Absenkung** und der Wegfall der Regelleistung unter Berücksichtigung aller Umstände des Einzelfalles auf sechs Wochen **verkürzt** werden. ... Die Entscheidung nach § 31 Abs. 6 Satz 3 SGB II ist den Anforderungen nach § 40 Abs. 1 Satz 1 SGB II i. V. m. § 35 Abs. 1 Satz 3 SGB X entsprechend zu begründen. Danach muss die Begründung von Ermessensentscheidungen auch die Gesichtspunkte erkennen lassen, von denen die Behörde bei der Ausübung ihres Ermessens ausgegangen ist... Dem genügt der Bescheid vom 6. Dezember 2007 nicht.
Die Formulierung "Bei dieser Entscheidung habe ich von meinem Ermessen Gebrauch gemacht und die persönlichen und wirtschaftlichen Verhältnisse gebührend berücksichtigt." beinhaltet vor dem Hintergrund von § 35 Abs. 1 Satz 3 SGB X **lediglich die Behauptung einer Ermessensausübung** und nicht eine, wenn auch nur formelhafte und damit auch nicht ausreichende Ermessensbegründung."

LSG Nordrhein-Westfalen, Beschluss vom 09.06.2008, L 7 B 140/08 AS:
„Rechtlich **nicht zu beanstanden ist, dass der Absenkungszeitraum** ... zeitlich **weiter reicht als der ursprüngliche Bewilligungszeitraum**... Denn die Absenkung nach § 31 SGB II wirkt unabhängig davon, ob die Leistungen zur Sicherung des Lebensunterhaltes noch gewährt werden. Sie läuft also, wie in vergleichbaren Fällen des Dritten Buches Sozialgesetzbuch (SGB III) auch, kalendermäßig ab, wenn ihr Beginn einmal fixiert ist... Werden im Absenkungszeitraum sodann erneut (bzw. weiterhin) Leistungen zur Sicherung des Lebensunterhaltes bewilligt, erzeugt der bereits erlassene Absenkungsbescheid eine **Bindungswirkung**...
Vor dem Hintergrund der einschneidenden Sanktionen nach § 31 Abs. 5 SGB II für junge Hilfebedürftige müssen die **wirtschaftlichen Auswirkungen** für diesen Personenkreis sorgfältig geprüft werden... Ein **Ermessensnichtgebrauch** liegt vor, wenn die Verwaltung überhaupt keine Ermessenserwägung anstellt und so handelt, als ob sie eine gebundene Entscheidung zu treffen hätte... Dies ist hier nicht der Fall. Denn in dem angefochtenen Sanktionsbescheid vom 04.06.2007 hat die Antragsgegnerin ausdrücklich ausgeführt, dass sie "bei dieser Entscheidung" von ihrem "Ermessen Gebrauch gemacht

und die persönlichen und wirtschaftlichen Verhältnisse gebührend berücksichtigt" hat. Bei der Ermessensausübung gemäß § 31 Abs. 6 Satz 3 SGB II kann ferner auf die Rechtsprechung zu der Sperrzeitregelung des § 144 Abs. 3 Satz 2 Nr. 2 Buchst. b SGB III zugegriffen werden… Danach kann die Sperrzeit verkürzt werden, wenn sie für den Betroffenen eine "besondere Härte" bedeuten würde."

LSG Nordrhein-Westfalen, Beschluss vom 09.09.2009, L 7 B 211/09 AS ER:
„Die Entscheidung über die **Sanktion** .. und die Gewährung ergänzender **Sachleistungen** oder geldwerter Leistungen .. sind **eigenständige Verwaltungsentscheidungen. Das SGB II verknüpft sie in zeitlicher Hinsicht nicht**, sondern lässt es zu, dass die Entscheidung über die Gewährung ergänzender Sachleistungen oder geldwerter Leistungen der Entscheidung über die Sanktion … nachfolgen kann.
Zur Überzeugung des Senats ist diese lose zeitliche Verbindung der beiden Verwaltungsentscheidungen in den Fällen, in denen der Grundsicherungsträger bei jungen Erwachsenen, die wie der Antragsteller das 25. Lebensjahr noch nicht vollendet haben (§ 31 Abs. 5 Satz 1 SGB II), einen **Wegfall des Arbeitslosengeldes II** verfügt, durch eine **verfassungskonforme Auslegung** in der Weise zu reduzieren, dass der Grundsicherungsträger mit der Sanktionsentscheidung **zeitgleich** auch darüber entscheiden muss, ob im konkreten Fall ergänzende Sachleistungen oder geldwerte Leistungen zu erbringen sind. Dieses Erfordernis zeitgleicher Entscheidung gilt … auch für die sonstigen Fälle des vollständigen Wegfalles des Arbeitslosengeldes II und damit auch bei Erwachsenen, die das 25. Lebensjahr bereits vollendet haben.
… die **Grundrechte** enthalten nicht nur **Abwehrrechte** des Einzelnen gegenüber der öffentlichen Gewalt, sondern stellen zugleich **Wertentscheidungen** der Verfassung dar, aus denen sich **Schutzpflichten** für die staatlichen Organe ergeben…
Dieser verfassungsrechtlichen Schutzpflicht ist … bei der Auslegung der Sanktionsnorm des § 31 SGB II in der dargelegten Weise Rechnung zu tragen. … Der Grundsicherungsträger ist deshalb verpflichtet, **vor Ausspruch der Sanktion** den Hilfebedürftigen - z. B. im Rahmen der Anhörung … - über die Möglichkeit zu **informieren, ergänzende Sachleistungen oder geldwerte Leistungen** erhalten zu können… Erst diese Information versetzt den Grundsicherungsträger in die Lage, das ihm insoweit durch § 31 Abs. 3 Satz 6 SGB II grundsätzlich eröffnete **Ermessen** ermessensfehlerfrei auszuüben gemäß § 39 Abs. 1 i. V. m. § 37 Satz 1 SGB I."

LSG Berlin-Brandenburg, Beschluss vom 06.12.2010, L 29 AS 1852/10 B ER:
„Abgesehen davon ist der Sanktionsbescheid … auch nicht deshalb offensichtlich rechtswidrig, weil die Antragsgegnerin in dem Bescheid **nicht zugleich eine Regelung über** die Bewilligung von ergänzenden **Sachleistungen** oder geldwerten Leistungen gemäß § 31 Abs. 3 S. 6 SGB II getroffen hat. … Der Senat teilt insoweit nicht die Auffassung …, wonach sich das Ermessen

des Leistungsträgers stets in der Weise reduziert, dass ergänzende Sachleistungen oder geldwerte Leistungen immer und zwingend zu erbringen sind. Denn **eine fehlende Reaktion des Hilfebedürftigen** auf die Information über ergänzende Sachleistungen **berechtigt** doch **zu Zweifeln an einem Bedarf** für ergänzende Sachleistungen oder geldwerte Leistungen. ... Zweifel an einem Bedarf für ergänzende Sachleistungen ergeben sich umso mehr, wenn ein Hilfebedürftiger ... auch bei der vorausgegangenen Sanktion mit einer 3 Monate andauernden Leistungskürzung auf 60 vom Hundert des maßgebenden Regelsatzes keine ergänzenden Sachleistungen bzw. ergänzende Geldleistungen in Anspruch genommen hat. Diese Überlegungen gelten zumindest dann, wenn keine Anhaltspunkte dafür ersichtlich sind, dass der Hilfebedürftige entweder nicht im Stande ist, seine bedrohliche Lage zu erfassen und/oder er nicht dazu in der Lage ist, aus der erkannten Situation entsprechende Konsequenzen zu ziehen."

BSG, Urteil vom 15.12.2010, B 14 AS 92/09 R:
„Das **Bestimmtheitserfordernis** des § 33 Abs. 1 SGB X verlangt, dass der Verfügungssatz eines Verwaltungsaktes nach seinem Regelungsgehalt in sich widerspruchsfrei ist und den Betroffenen bei Zugrundelegung der Erkenntnismöglichkeiten eines verständigen Empfängers in die Lage versetzen muss, sein Verhalten daran auszurichten. Mithin muss aus dem **Verfügungssatz** für die Beteiligten **vollständig, klar** und **unzweideutig** erkennbar sein, was die Behörde will. ... Der **Warnfunktion** der **Rechtsfolgenbelehrung** kommt im ... SGB II noch eine größere Bedeutung zu als im Bereich der Arbeitsförderung."

LSG Nordrhein-Westfalen, Beschluss vom 22.08.2011, L 19 AS 1299/11 B ER:
„Soweit in der Belehrung ausgeführt wird "Sollten Sie den vorgenannten Pflichten innerhalb eines Jahres zum wiederholten Male nicht nachkommen, wird das Arbeitslosengeld II um 60 % des für sie maßgebenden Regelbedarfs gemindert. Bei jeder weiteren wiederholten Pflichtenverletzung entfällt das Arbeitslosengeld II vollständig ..." , beziehen sich diese Ausführungen auf ein zukünftiges Verhalten der Antragstellerin. Es wird aus ihnen **nicht ersichtlich, dass die Folge eines Verstoßes gegen die im Bescheid festlegten fristgebundenen Pflichten** - Vorlage der Bewerbungsmappe bis zum 10.05.2011 und Aufstellung einer Liste zum 20.05.2011 - **eine Absenkung um 100 v. H. erfolgen wird**. Dabei ist auch zu berücksichtigen, dass bei den weiteren Erläuterungen des Begriffs "Verletzung gleichartiger Mitwirkungspflichten", die auch eine Absenkung um 60 v. H. oder um 100 v. H. im Wiederholungsfall auslösen können, die Weigerung des Abschlusses einer Eingliederungsvereinbarung, die Grund für die Verhängung der zwei Sanktionen im Jahr 2010 gewesen ist, nicht aufgeführt ist. ... Des weiteren hat der Antragsgegner in dem .. Sanktionsbescheid keine **Entscheidung** über die Gewährung von ergänzenden **Sachleistungen** oder geldwerten Leistungen ...

getroffen, obwohl die Antragstellerin mit einem **minderjährigen Kind** ... in einem Haushalt zusammenlebt. Die Verpflichtung zur Gewährung von Sachleistungen nach § 31 Abs. 3 Satz 2 SGB II ist dem Grunde nach unbedingt und zwingend, wenn in der Haushaltsgemeinschaft minderjährige Kinder leben. Es spricht vieles dafür, dass der Grundsicherungsträger die Entscheidung nach § 31 Abs. 3 Satz 2 SGB II zeitgleich mit der Sanktionsentscheidung zu treffen hat, unabhängig davon, ob der sanktionierte Leistungsberechtigte einen Antrag auf Gewährung von ergänzenden Sachleistungen gestellt hat..."

LSG Niedersachsen-Bremen, Beschluss vom 17.06.2013, L 7 AS 332/13 B ER:
„Ein Sanktionsbescheid enthält lediglich eine Regelung zur kalendermäßigen Festlegung des Sanktionszeitraums, so dass die ... Minderung des Arbeitslosengeldes II im laufenden Bewilligungszeitraum verfahrensrechtlich durch eine ausdrückliche **Aufhebungsverfügung** nach § 48 SGB X umzusetzen ist... ...eine Minderung von Arbeitslosengeld II *(ist)* für denselben Zeitraum durch zwei Sanktionsbescheide in Höhe von jeweils 30 % rechtlich unzulässig. ... Eine „**zweite erste Pflichtverletzung**" ... existiert im Sanktionsregime des SGB II nicht. ... Eine wiederholte Pflichtverletzung, die zu einer Minderung von 60 % berechtigt, liegt aber erst vor, wenn bereits zuvor eine erste Sanktion mit einer Minderung der niedrigeren Stufe festgestellt wurde... Zweifel bestehen schon deshalb, weil in der Eingliederungsvereinbarung ... die Verpflichtung ... zu **Bewerbungsaktivitäten** ... für einen Zeitraum vorgesehen wurde, in dem sich der Antragsteller in einer **Vollzeitmaßnahme** befunden hat. Dies dürfte allein schon **unverhältnismäßig** sein. Darüber hinaus ist nicht ganz ersichtlich, welche Ermessensleistungen der Antragsgegner als Gegenleistung zu den vorgeschriebenen Bewerbungsaktivitäten geregelt hat. Denn auf die Aufnahme des Bewerberprofils bei der Arbeitsagentur hat der Antragsteller als Arbeitsuchender einen Rechtsanspruch. Als **angemessene Gegenleistung** für die verlangten Eigenbemühungen wird in der Regel die Übernahme der erforderlichen Bewerbungskosten anzusehen sein. Der Antragsgegner hat aber eine entsprechende Zusage nicht erteilt, sondern sich insoweit eine Ermessensausübung vorbehalten. Das reicht .. für die **Wirksamkeit einer Eingliederungsvereinbarung** nicht aus... Soweit der Antragsgegner ... das Sanktionsereignis auf die fehlende Teilnahme am Aktivierungscenter Hannover ... stützt, wäre zunächst zu überprüfen gewesen, ob formell ein wirksames Angebot zu einer Eingliederungsmaßnahme vorliegt. Hierzu ist es erforderlich, dass vor Beginn der Maßnahme eine verbindliche **Auskunft** der Behörde erteilt wird, welche **Leistungen** im Einzelnen und in welcher Höhe während der Maßnahme gewährt werden bzw. welcher finanzielle **Mehraufwand als Eigenleistungen** vom Leistungsberechtigten aufzubringen ist... Es ist schließlich zweifelhaft, ob die erteilte **Rechtsfolgenbelehrung** einer rechtlichen Überprüfung standhält. ... Der Antragsteller hat unter Vorlage eines ärztlichen Attestes die Teilnahme verweigert. Wenn der Antragsgegner aber in der neuen Eingliederungsvereinbarung ... dieselbe Maß-

nahme mit einem späteren Beginn ... erneut anbietet, muss er den Antragsteller ausdrücklich darüber belehren, dass die vom ihm vorgebrachten **gesundheitlichen Hindernisse** einer Teilnahme an der Maßnahme nicht entgegenstehen. ... Der Antragsgegner hat nur die standardmäßige Rechtsfolgenbelehrung wie in der ersten Eingliederungsvereinbarung verwendet. Diese genügt nicht den Anforderungen an eine individuelle Rechtsfolgenbelehrung..."

LSG Hessen, Urteil vom 24.04.2015, L 9 AS 828/14:
„Der Senat ... hält ... den Erlass einer auf § 48 SGB X gestützten **Aufhebungsentscheidung** für erforderlich, soweit Leistungen für den Sanktionszeitraum bereits durch einen bestandskräftig gewordenen Bescheid in ungeminderter Höhe bewilligt worden sind. Die Notwendigkeit einer ... Aufhebungsentscheidung zur Durchbrechung der Bestandskraft einer den Absenkungszeitraum betreffenden Bewilligung hat das BSG zu den auf der Grundlage von § 31 SGB II in der bis zum 31. März 2011 geltenden Fassung ergangenen Absenkungsentscheidungen für erforderlich angesehen... Diese Rechtsprechung ist auch durch die mit Wirkung zum 1. April 2011 vorgenommene Neustrukturierung des Sanktionsrechts nicht obsolet geworden... Die vom Gesetzgeber aus Gründen der Klarstellung ... gewählte neue Terminologie in § 31b Abs. 1 Satz 1 SGB II kann zwar dahingehend verstanden werden, dass nunmehr die ... Einheit von Sanktionsbescheid und der ... Bewilligungsentscheidung nicht mehr angenommen werden kann. ... Hätte der Gesetzgeber mit der von ihm im Rahmen von § 31b Abs. 1 Satz 1 SGB II gewählten Formulierung die Absicht verbunden, einen **Selbstvollzug der Sanktion** in leistungsrechtlicher Hinsicht kraft Gesetzes zu regeln bzw. eine den § 48 SGB X verdrängende Sonderregelung zu schaffen, hätte diese Absicht in der Gesetzesbegründung zum Ausdruck kommen müssen... Auch bei einem Wegfall der Hilfebedürftigkeit während des Bewilligungszeitraums entfällt der materiell-rechtliche Anspruch; zur Beseitigung des formal-rechtlichen Anspruchs aus der Bewilligungsentscheidung bedarf es jedoch auch in diesem Fall einer auf § 48 SGB X gestützten Aufhebungsentscheidung. Nichts anderes kann bei einer im Bewilligungszeitraum eintretenden Absenkung gelten."

BSG, Urteil vom 29.04.2015, B 14 AS 19/14 R:
„Ändernde Wirkungen entfalten die Feststellungsbescheide aber auch nicht im Hinblick auf die ... zuerkannten Leistungen für diesen Bewilligungsabschnitt selbst. Solche Wirkungen kamen entsprechenden Bescheiden schon zur alten Rechtslage nicht zu... Hieran hat sich weiterhin nichts geändert. Soweit nunmehr gilt "**Der Auszahlungsanspruch mindert sich** mit Beginn des Kalendermonats, der auf das Wirksamwerden des Verwaltungsaktes folgt, der die Pflichtverletzung und den Umfang der Minderung der Leistung feststellt" ... berührt das **die Geltung bereits erlassener Bewilligungen nicht** unmittelbar. Wie bis dahin ist damit vielmehr nur zum Ausdruck gebracht, ab wel-

chem Zeitpunkt und um welchen Minderungsbetrag der Anspruch auf Leistungen ... abgesenkt ist. Nicht bestimmt ist hierdurch aber, dass es zu ihrer Umsetzung abweichend von § 48 Abs. 1 Satz 2 SGB X einer förmlichen Änderung bereits ergangener Bewilligungen nicht bedarf. Daran ändert nichts, dass durch die Regelung nach den Materialien "klargestellt" werden soll, "dass sich der Auszahlungsanspruch der Betroffenen bei pflichtwidrigem Verhalten kraft Gesetzes mindert"... Soweit dadurch zum Ausdruck gebracht sein sollte, dass die Durchbrechung der **Bindungswirkung** bereits ergangener Bewilligungen (vgl. § 77 SGG) ausnahmsweise nicht eine förmliche Änderungsentscheidung nach **§ 48 SGB X**, erfordert, sondern unmittelbar durch Gesetz angeordnet ist, findet das in dem Gesetzeswortlaut ... keine Stütze."

LSG Nordrhein-Westfalen, Urteil vom 18.01.2016, L 19 AS 411/15:
„Nach dem Verfügungssatz ... hat der Beklagte die Minderung des Arbeitslosengeld II - Anspruches ... um 100 % ... festgestellt. ... Die Bindungswirkung des Bewilligungsbescheides ... wird aber mit dieser Feststellung allein nicht durchbrochen. ... Vielmehr bedarf es ... einer formellen Umsetzung der festgestellten Minderung durch eine förmliche Änderung entgegenstehender Bewilligungsbescheide nach § 48 SGB X... Insoweit handelt es sich bei den ... §§ 31a, 31b SGB II **nicht** um Regelungen mit **selbstvollziehendem** ... **Charakter** und auch nicht um Sonderregelungen zu § 48 SGB X. Der Bescheid ... kann weder als förmliche Aufhebung ... ausgelegt noch in eine solche **umgedeutet** werden. ... Die Voraussetzungen einer Konversion nach § 43 SGB X liegen .. schon deshalb nicht vor, weil vorliegend nicht ein fehlerhafter Verwaltungsakt - Feststellung der Minderung des Arbeitslosengeld II - in einen anderen Verwaltungsakt - teilweise Aufhebung der Bewilligungsentscheidung - umgedeutet werden soll, sondern dem Verfügungssatz ... eine weitere Verfügung ... hinzugefügt werden soll. Das intendierte Ergebnis der Umdeutung wäre die Umwandlung des Bescheides ... in die Feststellung eines Sanktionstatbestandes zuzüglich der Aufhebung einer Bewilligungsentscheidung, mithin die Wandlung eines Verwaltungsaktes in zwei Verwaltungsakte. Diese Konstellation wird von § 43 Abs. 1 SGB X nicht erfasst... Schließlich verstieße die Umdeutung ... gegen das Verschlechterungsverbot nach § 43 Abs. 2 S. 1 2. Alt. SGB X."

4. Rechtsfolgenbelehrung

§ 31 SGB II Pflichtverletzungen

(1) Erwerbsfähige Leistungsberechtigte verletzen ihre Pflichten, wenn sie <u>trotz schriftlicher Belehrung über die Rechtsfolgen oder deren Kenntnis</u>
1. sich weigern, in der Eingliederungsvereinbarung oder in dem diese ersetzenden Verwaltungsakt nach § 15 Absatz 1 Satz 6 festgelegte Pflichten zu erfüllen, insbesondere in ausreichendem Umfang Eigenbemühungen nachzuweisen,
2. sich weigern, eine zumutbare Arbeit, Ausbildung, Arbeitsgelegenheit nach § 16d oder ein nach § 16e gefördertes Arbeitsverhältnis aufzunehmen, fortzuführen oder deren Anbahnung durch ihr Verhalten verhindern,
3. eine zumutbare Maßnahme zur Eingliederung in Arbeit nicht antreten, abbrechen oder Anlass für den Abbruch gegeben haben.

(2) Eine Pflichtverletzung von erwerbsfähigen Leistungsberechtigten ist auch anzunehmen, wenn
1. ...,
2. sie <u>trotz Belehrung über die Rechtsfolgen oder deren Kenntnis</u> ihr unwirtschaftliches Verhalten fortsetzen,
...

§ 32 SGB II Meldeversäumnisse

(1) Kommen Leistungsberechtigte <u>trotz schriftlicher Belehrung über die Rechtsfolgen oder deren Kenntnis</u> einer Aufforderung des zuständigen Trägers, sich bei ihm zu melden oder bei einem ärztlichen oder psychologischen Untersuchungstermin zu erscheinen, nicht nach, mindert sich das Arbeitslosengeld II oder das Sozialgeld jeweils um 10 Prozent des für sie nach § 20 maßgebenden Regelbedarfs. ...

Der Regelbedarf des Leistungsberechtigten mindert sich, wenn er seine Pflichten verletzt. Das Jobcenter darf Handlungen oder Unterlassungen des Leistungsberechtigten nur sanktionieren, wenn er in den Fällen des § 31 Abs. 1 und des § 32 SGB II über die **Rechtsfolgen** schriftlich belehrt wurde oder diese kennt. Das gilt auch beim unwirtschaftlichen Verhalten, doch ist hier die Form der Belehrung nicht vorgeschrieben.

Kennt der Leistungsberechtigte die Rechtsfolgen seines Verhaltens, ist kein Nachweis über eine schriftliche Rechtsfolgenbelehrung zu führen. Fraglich ist jedoch, wie die positive Kenntnis nachweisbar ist und ob den Gerichten ein „Kennenmüssen" genügt, wie in § 45 Abs. 2 Satz 3 Nr. 3 SGB X; hiergegen spricht jedoch der Wortlaut der §§ 31 Abs. 1 und 32 Abs. 1 SGB II.

Ist die schriftliche Rechtsfolgenbelehrung **falsch**, **unzureichend** oder **widersprüchlich** darf sich der Leistungsberechtigte in der Regel trotzdem auf sie verlassen; er muss nicht davon ausgehen, dass seine Rechtskenntnis besser ist als die des Jobcenters.

Die Belehrung soll dem Leistungsberechtigten ermöglichen, die konkreten Folgen einer Pflichtverletzung hinreichend zu erkennen.

Die festgelegten **Pflichten müssen hinreichend bestimmt sein**. Die Pflichten müssen also so konkret und verbindlich beschrieben sein, dass der Leistungsberechtigte erkennen kann, welche Handlungen oder Unterlassungen die Sanktion auslösen können.

Die Pflichten sind klar, eindeutig und verständlich zu beschreiben. Und sie müssen erfüllbar sein. Zudem ist bereits in der Eingliederungsvereinbarung **konkret**, **richtig** und **vollständig** über die Rechtsfolgen zu **belehren**; und zwar **in engem zeitlichen Zusammenhang** zum geforderten Verhalten und frei von Widersprüchen. Das gilt auch für Zuweisungen, Vermittlungsvorschläge und Meldeaufforderungen. Allgemeine Merkblätter und Vordrucke reichen nicht.

Eine Formulierung im **Konjunktiv** nimmt der Rechtsfolgenbelehrung die Konkretheit und verweist die Folge nur in den Bereich des Möglichen.

Diese strengen Anforderungen ergeben sich aus der **Warnfunktion** der Rechtsfolgenbelehrung. Nur eine **verständliche** Belehrung kann die Steuerungsfunktion der Sanktion verwirklichen.

Rechtsprechung:

LSG Nordrhein-Westfalen, 30.06.2006, L 19 B 40/06 AS ER:
„Dem **jungen Hilfsbedürftigen** sind die besonderen, für ihn **verschärften Rechtsfolgen** ... **konkret, eindeutig und verständlich "vorher" vor Augen zu führen**... Die Antragsgegnerin hat zu keinem Zeitpunkt eine auf den Abbruch der schulischen Ausbildung bezogene Belehrung erteilt. Selbst wenn das Verhalten (Fehlzeiten), das zu einer Kündigung des Schulvertrages geführt hat, als Weigerung, eine zumutbare Ausbildung fortzusetzen, im Sinne des § 31 Abs. 1 Ziff. 1 c SGB II anzusehen wäre, ist die Tatbestandsvoraussetzung einer "vorherigen" Rechtsfolgenbelehrung jedenfalls nicht erfüllt."

LSG Nordrhein-Westfalen, Beschluss vom 19.10.2006, L 1 B 29/06 AS:
„Anlässlich der persönlichen Vorsprache am 16.02.2006 hat es der Antragsteller abgelehnt, eine erneute Eingliederungsvereinbarung zu unterschreiben. Ein solcher Tatbestand stellt sich als grundsätzlich geeignet dar, um die Sanktionsfolge des § 31 Abs.1 Nr. 1a) SGB II auszulösen. Allerdings lässt sich nicht nachvollziehen, ob während der persönlichen Vorsprache eine den Erfordernissen des § 31 Abs. 6 Satz 4 SGB II entsprechende **Rechtsfolgenbelehrung** erteilt worden ist. Die Rechtsfolgenbelehrung hat **Warn- und Erziehungsfunktionen**, darf sich nicht in einer bloßen Formalie oder formelhaften Wiederholung des Gesetzestextes erschöpfen und muss darüber hinaus konkret, eindeutig, **verständlich**, verbindlich und zutreffend die unmittelbaren und konkreten **Auswirkungen eines bestimmten Handelns vor Augen führen**... Ihrem Inhalt nach muss sie über die **Absenkung** bzw. den Wegfall **als solchen** belehren, sowie auf **Beginn, Dauer** und den **Ausschluss von ergänzenden Sozialhilfeleistungen** nach dem ... SGB XII hinweisen. Nicht hinreichend sind in der Vergangenheit erteilte Belehrungen oder allgemeine Merkblatthinweise...
Die **objektive Beweislast** dafür, dass eine den Erfordernissen des § 31 Abs. 6 Satz 4 SGB II entsprechende Rechtsfolgenbelehrung erteilt worden ist, trägt der **Träger der Grundsicherung**. Denn bei der Rechtsfolgenbelehrung handelt es sich um ein Element, das Voraussetzung für die Rechtmäßigkeit des Absenkungsbescheides ist..."

LSG Niedersachsen-Bremen, Beschluss vom 31.07.2007, L 8 AS 605/06 ER:
„Zunächst setzt eine Absenkung nach § 31 Abs. 1 Satz 1 Nr. 1a SGB II (Weigerung zum Abschluss einer Eingliederungsvereinbarung) eine ordnungsgemäße Belehrung über die Rechtsfolgen voraus. Es mangelt im vorliegenden Fall bereits an einer derartigen **Rechtsfolgenbelehrung**. In der **Verwaltungsakte** der Antragsgegnerin ist hierzu nichts **dokumentiert**. Insbesondere **vermag der** mit der Anhörung übersandte **Gesetzestext** des § 31 Abs. 1 Satz 1 Nr. 1 SGB II **die Rechtsfolgenbelehrung nicht zu ersetzen**...
Dem Hilfebedürftigen muss konkret, eindeutig, verständlich, verbindlich und rechtlich zutreffend vor Augen geführt werden, und zwar "vorher", also **vor**

der Pflichtverletzung, welche Folgen ihm im Falle der Pflichtverletzung drohen..."

LSG Niedersachsen-Bremen, Beschluss vom 06.09.2007, L 7 AS 472/07 ER:
„Voraussetzung für eine Leistungsabsenkung nach § 31 Abs. 1 Satz 1 Nr. 1b SGB II ist demnach die Erteilung einer vorherigen **Rechtsfolgenbelehrung**. Diese hat u. a. Warn- und Erziehungsfunktion. Sie muss den Hilfebedürftigen **unter Berücksichtigung aller Besonderheiten des Einzelfalles** über die Konsequenzen der Obliegenheitsverletzung belehren. ... Diesen Anforderungen entspricht die der Eingliederungsvereinbarung beigefügte Rechtsfolgenbelehrung nicht. Zwar enthält sie einen Hinweis auf die Leistungsabsenkungen im Fall eines Verstoßes gegen die Pflichten aus der Eingliederungsvereinbarung. Der Rechtsfolgenbelehrung ist jedoch nicht zu entnehmen, dass **Kranken- und Pflegeversicherungsschutz** in den Zeiten entfällt, in denen Alg II-Leistungen nicht bezogen werden. Weil der an den Antragsteller ausgezahlte Betrag mit 16 EUR monatlich ohnehin sehr niedrig war und die Rechtsfolgenbelehrung unter Berücksichtigung der konkreten persönlichen Verhältnisse zu ergehen hat, drängte sich ein entsprechender Hinweis in der Rechtsfolgenbelehrung auf."

LSG Berlin-Brandenburg, Beschluss vom 12.10.2007, L 14 B 1548/07 AS ER:
„Schon aus der einschneidenden Wirkung der in § 31 Abs. 2 SGB II vorgesehenen Rechtsfolgen ergibt sich, dass von einer **Wiederholung** nur dann die Rede sein kann, wenn ein Leistungsempfänger durch einen ersten **Absenkungsbescheid** bereits **auf die Pflichtverletzung hingewiesen** worden ist und danach erneut sein Verhalten fortsetzt... Die vom Gesetzgeber gewollte **Warnwirkung** der ersten Sanktion kann sich nur auf ein Verhalten beziehen, das zeitlich nach dem Erlass eines ersten Absenkungsbescheides liegt."

BSG, Urteil vom 16.12.2008, B 4 AS 60/07 R:
„Ebenfalls keine tatsächlichen Feststellungen liegen zu der Frage vor, ob die Beklagte das Angebot der Arbeitsgelegenheit mit einer den Anforderungen des § 31 Abs. 1 Satz 1 Nr. 1 SGB II entsprechenden Rechtsfolgenbelehrung ausgestattet hatte. Hinsichtlich dieser ausdrücklich geregelten Voraussetzung für eine Absenkung des Alg II unter Wegfall des Zuschlags folgt der Senat der hM in der Literatur, wonach die **Schriftlichkeit der Rechtsfolgenbelehrung nicht zwingend zu fordern** ist... Es genügt also grundsätzlich auch eine mündliche Belehrung, wenn sie in engem zeitlichen Zusammenhang vor dem sanktionsbewehrten Verhalten erteilt wird. Dies ergibt sich bereits mit hinreichender Deutlichkeit aus dem Vergleich mit dem Wortlaut des § 31 Abs. 2 Satz 1 SGB II, denn dort wird eine schriftliche Rechtsfolgenbelehrung ausdrücklich vorausgesetzt. Schwierigkeiten können sich bei einer mündlichen Belehrung aber ... hinsichtlich des Nachweises der ordnungsgemäßen Belehrung ergeben. Im Übrigen gilt ... für die Rechtsfolgenbelehrung inhaltlich, dass

sie **konkret, verständlich, richtig** und **vollständig** sein muss. Nur eine derartige Belehrung vermag dem Zweck der Rechtsfolgenbelehrung - nämlich der **Warn- und Steuerungsfunktion** ... - zu genügen."

LSG Rheinland-Pfalz, Urteil vom 23.07.2009, L 5 AS 131/08:
„Es kann dahinstehen, ob ... der Leistungsträger grundsätzlich dazu verpflichtet ist, dem Betroffenen noch vor dem Termin mitzuteilen, ob der vorgetragene **Entschuldigungsgrund** *ausreicht ..., und ein Unterlassen dazu führt, dass die* **Rechtsfolgenbelehrung fehlerhaft** *wird... Zwar datiert das Entschuldigungsschreiben ... vom 5.10.2007. Unter Berücksichtigung der Postlaufzeiten und einer angemessenen Bearbeitungszeit konnte der Kläger bei einer so kurzfristigen Entschuldigung jedoch nicht davon ausgehen, dass er noch vor dem Termin eine Mitteilung ... erhalten würde. Unter diesen Umständen wäre es dem Kläger* **zumutbar** *gewesen, eine* **telefonische Klärung herbeizuführen**... *Da er dies nicht getan hat, blieb die ursprüngliche Meldeaufforderung wirksam und die Rechtsfolgenbelehrung ausreichend..."*
Aufgehoben durch BSG, Urteil vom 09.11.2010, B 4 AS 27/10 R

BSG, Urteil vom 10.12.2009, B 4 AS 30/09 R:
„Die Wirksamkeit einer .. **Rechtsfolgenbelehrung** setzt voraus, dass sie konkret, richtig und vollständig ist, **zeitnah im Zusammenhang mit dem jeweiligen Angebot** einer Arbeitsgelegenheit erfolgt, sowie dem erwerbsfähigen Hilfebedürftigen **in verständlicher Form** erläutert, welche **unmittelbaren und konkreten Auswirkungen** sich aus der Weigerung, die angebotene Arbeitsgelegenheit anzutreten, für ihn ergeben, wenn für die Weigerung kein wichtiger Grund vorliegt... **Nur eine verständliche Rechtsfolgenbelehrung kann** die mit den Sanktionen verfolgte Zweckbestimmung, **das Verhalten des Hilfebedürftigen zu steuern**, verwirklichen. **Die Warn- und Steuerungsfunktion geht verloren, wenn der Grundsicherungsträger die Rechtsfolgenbelehrung** derart **standardisiert**, dass sie ... lediglich verschiedene Arten von Maßnahmen aufzählt und die Arbeitsgelegenheit i. S. von § 31 Abs. 1 Satz 1 Nr. 1 Buchst. d SGB II als eine von mehreren möglichen Varianten benennt. Hinreichend belehrt wird der Adressat nämlich nur, wenn nur die **konkrete Maßnahme**, an deren Nichtteilnahme nachteilige Folgen geknüpft werden, ausdrücklich benannt wird und der Adressat sich damit direkt angesprochen fühlt. Nicht ausreichend ist es demgegenüber, wenn mehrere Varianten zur Auswahl gestellt werden und dem Hilfebedürftigen die Auswahl überlassen wird, ob eine der genannten Alternativen für ihn einschlägig ist. ... Die hier zu beurteilende Rechtsfolgenbelehrung ist darüber hinaus auch deshalb mangelhaft, weil sie in der einschlägigen Passage die fragliche Maßnahme lediglich durch einen Hinweis auf deren gesetzliche Grundlage (§ 16 Abs. 3 Satz 2 SGB II) umschreibt. Es ist mit dem Zweck der Rechtsfolgenbelehrung nicht zu vereinbaren, dass deren Inhalt nur unter Hinzuziehung des Gesetzestextes zu erschließen ist."

BSG, Urteil vom 18.02.2010, B 14 AS 53/08 R:
„Der Bescheid ... ist rechtswidrig, weil es an einer ordnungsgemäßen Rechtsfolgenbelehrung ... fehlt. ... Zu fordern ist .. eine konkrete Umsetzung auf den Einzelfall, so dass die Aushändigung eines Merkblatts mit abstrakt generellem Inhalt nicht ausreicht... ...die **Rechtsfolgenbelehrung** *(muss)* als Voraussetzung für ihre Wirksamkeit **konkret, richtig, vollständig** und **verständlich** sein und dem Arbeitslosen zeitnah im Zusammenhang mit einem Arbeitsangebot zutreffend erläutern, welche unmittelbaren und konkreten Auswirkungen auf seinen Leistungsanspruch eine unbegründete Arbeitsablehnung haben kann. ... Infolge der undifferenzierten Auflistung - fast - aller Sanktionstatbestände und einer Vielzahl der möglichen Rechtsfolgen war die Rechtsfolgenbelehrung nicht nur **unübersichtlich**, sondern in keiner Weise individualisiert. ... Ausreichend, aber auch erforderlich wäre es gewesen, wenn die Beklagte darauf hingewiesen hätte, dass bei einem Verstoß gegen die in ... der Eingliederungsvereinbarung festgelegte Teilnahmepflicht ohne einen wichtigen Grund das **Alg II auf die Leistungen für Unterkunft und Heizung** ... **beschränkt** wird und dass diese Leistungen im Regelfall **an den Vermieter gezahlt** werden. Der Benennung eines **konkreten Betrages**, um den die Leistung abgesenkt wird, hätte es ... an dieser Stelle grundsätzlich noch nicht bedurft, zumal die Höhe der Regelleistung zweifelsfrei aus dem Bewilligungsbescheid zu ersehen ist und weitere Rechenschritte im Fall des § 31 Abs. 5 Satz 1 SGB II nicht erforderlich sind. Erforderlich war aber weiter der Hinweis auf den **Beginn** und die **Dauer** der Leistungsbeschränkung sowie die **mögliche Verkürzung** des Zeitraums nach § 31 Abs. 6 Satz 3 SGB II. Schließlich musste der Klägerin mitgeteilt werden, dass sie während der Leistungsbeschränkung keinen Anspruch auf ergänzende **Sozialhilfeleistungen** haben würde, die Beklagte aber in angemessenem Umfang ergänzende **Sachleistungen oder geldwerte Leistungen** zur Sicherung ihres Lebensunterhalts erbringen könnte... Bereits die Formulierung im **Konjunktiv** - eine Niederlegung der Arbeitsgelegenheit müsste als unentschuldigtes Fehlen gewertet werden und würde zur Kürzung des Leistungsanspruchs führen - verweist die Rechtsfolge lediglich in den Bereich des Möglichen."

LSG Nordrhein-Westfalen, Beschluss vom 18.03.2010, L 6 B 157/09 AS ER:
„Es fehlt an einer eindeutigen **Rechtsfolgenbelehrung** für die vom Antragsteller **konkret begangenen Pflichtverletzungen** des unentschuldigten Fehlens an einzelnen Tagen sowie der unverzüglichen Meldung einer Arbeitsunfähigkeit und rechtzeitigen Einreichung einer Arbeitsunfähigkeitsbescheinigung. ... Dabei kann dahinstehen, ob die (zweifelhafte) Auffassung der Antragsgegnerin zutrifft, dass die in der Weiterbildungsvereinbarung genannten Pflichten durch eine "Vorab"Bezugnahme zu originären Pflichten "der Eingliederungsvereinbarung" werden."

LSG Nordrhein-Westfalen, Beschluss vom 08.04.2010, L 7 B 451/09 AS ER:
„Die Warnfunktion der Rechtsfolgenbelehrung geht verloren, wenn ... lediglich der Gesetzestext mit unterschiedlichen Alternativen formelhaft wiederholt und nicht deutlich wird, welches Verhalten dem Hilfebedürftigen obliegt." Diesen Anforderungen entsprechen die Rechtsfolgenbelehrungen ... nicht. Die Rechtsprechung des BSG stellt ... auch nicht Anforderungen auf, die praktisch nicht erfüllbar sind. Denn es entspricht bereits jetzt der Praxis einiger Grundsicherungsträger, mit einem **Vermittlungsvorschlag**, der Zuweisung einer **Arbeitsgelegenheit** oder dergleichen eine **auf die jeweilige konkrete Mitwirkung bezogene Rechtsfolgenbelehrung** zu verbinden."

LSG Hamburg, Urteil vom 18.08.2010, L 5 AS 78/09:
„Die Wirksamkeit einer solchen Rechtsfolgenbelehrung setzt voraus, dass sie konkret, richtig und vollständig ist, zeitnah im Zusammenhang mit der jeweiligen Meldeaufforderung erfolgt, sowie dem erwerbsfähigen Hilfebedürftigen in verständlicher Form erläutert, welche unmittelbaren und konkreten Auswirkungen sich aus dem Nichtnachkommen der Aufforderung für ihn ergeben, wenn er für sein Verhalten keinen wichtigen Grund nachweist. ... Diese Warn- und Steuerungsfunktion geht verloren, wenn der Grundsicherungsträger die Rechtsfolgenbelehrung derart standardisiert, dass sie ... abstrakt alle denkbaren Arten von Verletzungen der Meldepflicht und deren Folgen aufzählt. Hinreichend belehrt wird der Adressat nämlich nur, wenn **nur die konkrete Meldeaufforderung**, an deren Nichtnachkommen nachteilige Folgen geknüpft werden, ausdrücklich benannt wird und der konkrete Adressat sich damit durch die auf den jeweiligen Einzelfall konkret umgesetzte Belehrung direkt angesprochen fühlt. Nicht ausreichend ist es .., wenn mehrere Varianten von Meldepflichten zur Auswahl gestellt werden und dem Hilfebedürftigen die Auswahl überlassen wird, ob eine und ggf. welche der genannten Varianten für ihn einschlägig ist."

BSG, Urteil vom 15.12.2010, B 14 AS 92/09 R:
„Das **Bestimmtheitserfordernis** des § 33 Abs. 1 SGB X verlangt, dass der Verfügungssatz eines Verwaltungsaktes nach seinem Regelungsgehalt in sich widerspruchsfrei ist und den Betroffenen bei Zugrundelegung der Erkenntnismöglichkeiten eines verständigen Empfängers in die Lage versetzen muss, sein Verhalten daran auszurichten. Mithin muss aus dem **Verfügungssatz** für die Beteiligten **vollständig, klar und unzweideutig** erkennbar sein, was die Behörde will. ... Der **Warnfunktion** der **Rechtsfolgenbelehrung** kommt im ... SGB II noch eine größere Bedeutung zu als im Bereich der Arbeitsförderung."

LSG Nordrhein-Westfalen, Beschluss vom 22.08.2011, L 19 AS 1299/11 B ER:
„Soweit in der Belehrung ausgeführt wird "Sollten Sie den vorgenannten Pflichten innerhalb eines Jahres zum wiederholten Male nicht nachkommen, wird das Arbeitslosengeld II um 60 % des für sie maßgebenden Regelbedarfs gemindert. Bei jeder weiteren wiederholten Pflichtenverletzung entfällt das Arbeitslosengeld II vollständig ..." , beziehen sich diese Ausführungen auf ein zukünftiges Verhalten der Antragstellerin. Es wird aus ihnen **nicht ersichtlich, dass die Folge eines Verstoßes gegen die im Bescheid festlegten fristgebundenen Pflichten** - Vorlage der Bewerbungsmappe bis zum 10.05.2011 und Aufstellung einer Liste zum 20.05.2011 - **eine Absenkung um 100 v. H. erfolgen wird**. Dabei ist auch zu berücksichtigen, dass bei den weiteren Erläuterungen des Begriffs "Verletzung gleichartiger Mitwirkungspflichten", die auch eine Absenkung um 60 v. H. oder um 100 v. H. im Wiederholungsfall auslösen können, die Weigerung des Abschlusses einer Eingliederungsvereinbarung, die Grund für die Verhängung der zwei Sanktionen im Jahr 2010 gewesen ist, nicht aufgeführt ist. ... Des weiteren hat der Antragsgegner in dem .. Sanktionsbescheid keine **Entscheidung** über die Gewährung von ergänzenden **Sachleistungen** oder geldwerten Leistungen ... getroffen, obwohl die Antragstellerin mit einem **minderjährigen Kind** ... in einem Haushalt zusammenlebt. Die Verpflichtung zur Gewährung von Sachleistungen nach § 31 Abs. 3 Satz 2 SGB II ist dem Grunde nach unbedingt und zwingend, wenn in der Haushaltsgemeinschaft minderjährige Kinder leben."

SG Köln, Urteil vom 10.12.2012, S 32 AS 2039/11:
„Die Voraussetzungen für eine Kürzung der Leistungen ... um monatlich 100 % ... liegen nicht vor. ... Hierbei handelt es sich nicht um eine zweite wiederholte Pflichtverletzung ..., sondern um eine erste wiederholte Pflichtverletzung... Die **Rechtsfolgenbelehrung** enthält die Angabe, dass die Regelleistung ... um 60 % gekürzt worden war; es wird darauf hingewiesen, dass das ALG II vollständig entfällt, sollte der Kläger sich weigern, die angebotene Arbeitsgelegenheit aufzunehmen. Ob im Weigerungsfall das ALG II tatsächlich vollständig wegfällt oder ob aufgrund der Rechtswidrigkeit der vorangegangenen Sanktionsbescheide nur eine Kürzung der Regelleistung um 30 % oder 60 % eintritt, ist an dieser Stelle nicht relevant. Denn **es ist nicht zum Nachteil des Klägers, wenn letztendlich eine weniger einschneidende Sanktion verhängt wird**."

LSG Bayern, Beschluss vom 22.01.2013, L 16 AS 381/11:
„Gesundheitliche Einschränkungen, die ihn daran hindern würden wöchentlich zwei Bewerbungen vorzunehmen hat der Kläger nicht vorgetragen. ... Eine **falsche** oder unvollständige **Rechtsfolgenbelehrung** wirkt sich nicht auf die Rechtmäßigkeit des Eingliederungsverwaltungsaktes aus, sondern ist bei

der Prüfung aufgrund des Eingliederungsverwaltungsaktes verhängter Sanktionen ... beachtlich."

LSG Sachsen-Anhalt, Beschluss vom 04.04.2013, L 5 AS 279/13 B ER:
„Gemäß § 31 SGB II ... reicht auch die **Kenntnis der** eintretenden **Rechtsfolgen**. Eine schriftliche Rechtsfolgenbelehrung ist dann nicht mehr notwendig... Der Antragsteller kannte die bevorstehenden Rechtsfolgen. Herr S. hat den Bescheid vom 4. Oktober 2012 persönlich übergeben und den Antragsteller in einem Beratungsgespräch am 4. Oktober 2012 ausdrücklich in Bezug auf die bevorstehende Sanktionierung von 100 % und die Möglichkeit einer Ermäßigung der Sanktion auf 60 % der Regelleistung belehrt. Der Antragsteller hat daraufhin mitgeteilt, dass er die Arbeitsgelegenheit nicht annehmen werde. Auch im Erörterungstermin des Senats am 11. April 2013 ist dem Antragsteller der **Beratungsvermerk** vom 4. Oktober 2012 im Hinblick auf die Belehrung vorgelesen und vorgehalten worden. Der Antragsteller hat daraufhin trotz Kenntnis der Rechtsfolgen weiterhin darauf beharrt, dass er keinen Ein-Euro-Job annehmen werde. Der Vortrag des Antragstellers, er habe sich mit Widerspruch oder Überprüfungsantrag gegen die vorangegangenen Sanktionsbescheide gewehrt, steht der Rechtmäßigkeit des Bescheids ... ebenfalls nicht entgegen. Die vorangegangenen Sanktionsbescheide müssen nicht bestandskräftig geworden sein. Es reicht vielmehr aus, dass diese dem Antragsteller zugegangen sind..."

LSG Niedersachsen-Bremen, Urteil vom 26.05.2015, L 7 AS 1059/13:
„Voraussetzung für die Rechtmäßigkeit einer Leistungsabsenkung nach § 31 SGB II ist ... eine vorherige Rechtsfolgenbelehrung, die den Hilfebedürftigen über die Konsequenzen eines etwaigen Fehlverhaltens unmissverständlich belehren muss. ... Insoweit ist ... der **Erkenntnishorizont** ... **Jugendlicher** zu beachten... Die der Eingliederungsvereinbarung ... und dem Bescheid ... angefügte wortgleiche Rechtsfolgenbelehrung genügt diesen Anforderungen nicht. ... Aus der **Rechtsfolgenbelehrung** war nach dem **maßgeblichen objektiven Erklärungswert** gerade nicht ersichtlich, ob das Kindergeld von dem beschränkten Leistungsanspruch abzuziehen sein sollte und zu welchem verbleibenden Zahlungsbetrag die drohende Absenkung führen würde. ... Eine unmissverständliche und der verhaltenssteuernden Warnfunktion der Rechtsfolgenbelehrung entsprechende Klarstellung der **Einkommensanrechnung auf den beschränkten Leistungsanspruch** wäre ... auch völlig unproblematisch möglich gewesen, z.B. durch den klarstellenden Zusatz einer .. Anrechnung von etwaig verfügbarem Einkommen auf den abgesenkten Leistungsbetrag."

BVerfG, Beschluss vom 06.05.2016, 1 BvL 7/15:
„Dem Vorlagebeschluss ist nicht hinreichend nachvollziehbar zu entnehmen, ob die Rechtsfolgenbelehrungen ... den gesetzlichen Anforderungen des § 31

Abs. 1 Satz 1 SGB II genügen... Das gilt hier insbesondere, weil die fachgerichtliche Rechtsprechung **hohe Anforderungen** an die Art und Weise der **Rechtsfolgenbelehrung** stellt. ... Es ist auch nicht auszuschließen, dass die Art und Weise der Rechtsfolgenbelehrung und ihr Inhalt für die verfassungsrechtliche Bewertung der Sanktionsvorschriften von Bedeutung sind, weil die **Verhältnismäßigkeit einer Sanktion** mit davon abhängen kann, in welchem Maße Betroffene darüber informiert sind, was aus ihrem Verhalten folgt. ... **Richtigkeit** und **Verständlichkeit** der ... Belehrung können in Zweifel gezogen werden, da sie primär über die Minderung in Höhe von 30 % bei erstmaligem Verstoß informiert und **auf die Folgen eines wiederholten Verstoßes nur „vorsorglich" hinweist**. Daraus ergibt sich nicht, dass das Jobcenter zu diesem Zeitpunkt bereits von einem ersten sanktionierten Pflichtenverstoß ausging und nun ein Verstoß gegen die Pflichten im **Eingliederungsverwaltungsakt** (als wiederholte Pflichtverletzung) eine Absenkung der Leistungen ... von 60 % des maßgebenden Regelbedarfs zur Folge hat. Darüber hinaus werden allgemein „**mit Ihnen vereinbarte" Pflichten** erwähnt, obwohl es sich um einseitig durch Verwaltungsakt auferlegte Pflichten handelt. ... Ausführungen zum Vorliegen einer ordnungsgemäßen Rechtsfolgenbelehrung liegen auch nahe, weil die Fehleranfälligkeit von Rechtsfolgenbelehrungen der Fachöffentlichkeit bekannt ist."

5. Wichtiger Grund

§ 31 SGB II Pflichtverletzungen

(1) Erwerbsfähige Leistungsberechtigte verletzen ihre Pflichten, wenn sie trotz schriftlicher Belehrung über die Rechtsfolgen oder deren Kenntnis
1. sich weigern, in der Eingliederungsvereinbarung oder in dem diese ersetzenden Verwaltungsakt nach § 15 Absatz 3 Satz 3 festgelegte Pflichten zu erfüllen, insbesondere in ausreichendem Umfang Eigenbemühungen nachzuweisen,
2. sich weigern, eine zumutbare Arbeit, Ausbildung, Arbeitsgelegenheit nach § 16d oder ein nach § 16e gefördertes Arbeitsverhältnis aufzunehmen, fortzuführen oder deren Anbahnung durch ihr Verhalten verhindern,
3. eine zumutbare Maßnahme zur Eingliederung in Arbeit nicht antreten, abbrechen oder Anlass für den Abbruch gegeben haben.
Dies gilt nicht, wenn erwerbsfähige Leistungsberechtigte einen wichtigen Grund für ihr Verhalten darlegen und nachweisen.

§ 32 SGB II Meldeversäumnisse

(1) Kommen Leistungsberechtigte trotz schriftlicher Belehrung über die Rechtsfolgen oder deren Kenntnis einer Aufforderung des zuständigen Trägers, sich bei ihm zu melden oder bei einem ärztlichen oder psychologischen Untersuchungstermin zu erscheinen, nicht nach, mindert sich das Arbeitslosengeld II oder das Sozialgeld jeweils um 10 Prozent des für sie nach § 20 maßgebenden Regelbedarfs. Dies gilt nicht, wenn Leistungsberechtigte einen wichtigen Grund für ihr Verhalten darlegen und nachweisen.

Ein wichtiger Grund liegt vor, wenn dem Leistungsberechtigten ein anderes Verhalten nicht zugemutet werden kann. Mit „wichtiger Grund" meint der Gesetzgeber also „unzumutbar". Der wichtige Grund ist i. d. R. kongruent zu den Zumutbarkeitserwägungen des § 10 SGB II auszulegen.

Das Fehlen eines wichtigen Grundes ist Tatbestandsvoraussetzung. Liegt ein wichtiger Grund vor, treten die Rechtsfolgen nicht ein.

Minderung und Wegfall treten also nicht ein, wenn der Leistungsberechtigte einen wichtigen Grund für sein Verhalten **darlegen und nachweisen** kann.

Hierdurch tritt eine (begrenzte) **Beweislastumkehr** ein; diese hebt den Amtsermittlungsgrundsatz jedoch nicht auf. Der Leistungsberechtigte muss die einen wichtigen Grund begründenden Tatsachen nachweisen, die sich aus seiner Sphäre oder seiner Verantwortung ergeben. Das Jobcenter muss den vorgetragenen Sachverhalt prüfen, nicht jedoch ins Blaue hinein nach einem wichtigen Grund suchen.

Wichtige Gründe können alle **Umstände des Einzelfalls** sein, die in Abwägung der Interessen des Leistungsberechtigten mit denen der Allgemeinheit sein Verhalten rechtfertigen. Dies unterliegt der vollen Kontrolle der Gerichte; ein Beurteilungsspielraum steht den Jobcentern nicht zu.

In Betracht kommen vor allem gesundheitliche oder familiäre Gründe (z. B. Pflege eines Angehörigen).

Fraglich ist, ob ein wichtiger Grund auch in der Weigerung liegen kann, in der Eingliederungsvereinbarung rechtswidrig vereinbarte Pflichten zu erfüllen. Dies ist trotz der Bindungswirkung der Vereinbarung in der Regel wohl zu bejahen.

Dieses Problem wird sich in der Praxis aber selten stellen, da die meisten Eingliederungsvereinbarungen nichtig sind.

Rechtsprechung:

LSG Nordrhein-Westfalen, Beschluss vom 30.06.2006, L 19 B 40/06 AS ER:
„Die Antragsgegnerin stützt ihre Entscheidung, die maßgebende Regelleistung ... um .. 100 % abzusenken, auf § 31 Abs. 1 Ziff. 1c und Abs. 5 SGB II. Sie begründet sie damit, die Antragstellerin ... habe **durch unentschuldigtes Fehlen die Kündigung des Schulvertrages** mit dem St-O-Stift G **herbeigeführt**. Diese Auffassung wird ... durch die vorgelegte schriftliche Kündigung der Schule vom 19.10.2005 belegt, wonach die Antragstellerin ... in den ersten sechs Wochen des Wiederholungsschuljahres insgesamt 71 Stunden, 52 davon unentschuldigt, gefehlt hat. Der Antragsgegnerin ist auch dann zuzustimmen, dass die Antragstellerin ... weder im Anhörungsverfahren noch im Verfahren des einstweiligen Rechtsschutzes, insbesondere im Erörterungstermin vor dem Sozialgericht am 18.05.2006, einen wichtigen Grund für ihr Verhalten angegeben oder nachgewiesen hat. Die nicht weiter erklärte allgemeine **Angabe, es hätten persönliche Gründe vorgelegen, reicht** hierfür sicherlich **nicht**."

LSG Bayern, Beschluss vom 01.08.2006, L 7 B 404/06 AS PKH:
„Als Grund für sein Nichterscheinen gab der Bf. in seinem Widerspruch an, dass er vor der Bg. **nur mit Zeugen habe erscheinen wollen**, dass diese Zeugen jedoch nur an bestimmten Wochentagen, zu denen nicht der 15.12.2005 gehört habe, zur Verfügung stünden. ... Der Kläger habe eine Vorstellung bei den zwei zur Verfügung stehenden **Arbeitsstellen** mit der Begründung abgelehnt, dass es sich um **"bühnenfremde" Tätigkeiten** handele. Die Absenkungsbescheide der Beklagten sind zu Recht ergangen, weil dem Bf. weder für sein Nichterscheinen bei der Bg. als auch wegen der Nichtvorstellung bei den zwei zur Verfügung gestellten Arbeitsstellen kein wichtiger Grund zur Seite stand."

LSG Bayern, Beschluss vom 02.08.2006, L 7 B 409/06 AS ER:
„Der Bf. sei nicht berechtigt gewesen, die **Arbeitsgelegenheit** ohne Vorliegen eines wichtigen Grundes aufzugeben. Es lägen keine Nachweise dafür vor, dass ihm die Arbeit aus gesundheitlichen Gründen unzumutbar geworden sei. Es seien weder aktuelle AU-Bescheinigungen noch sonstige aktuelle Unterlagen vorgelegt worden, denen zu entnehmen wäre, dass er im maßgeblichen Zeitraum körperlich nicht in der Lage gewesen sei, die Arbeit auszuüben. Die Vorlage eines länger zurückliegenden ärztlichen Gutachtens und einer Übersicht über Behandlungstermine einer Massagepraxis stellten keinen ausreichenden Nachweis dar. Auch habe er kein ärztliches Attest vorgelegt, aus dem hervorgehe, dass er aus gesundheitlichen Gründen nicht in der Lage gewesen sei, die Meldetermine wahrzunehmen. Ein **Termin in der Massagepraxis** sei **kein wichtiger Grund** für das Fernbleiben, da er einen solchen Termin hätte verschieben müssen."

LSG Hessen, Beschluss vom 29.09.2006, L 9 AS 179/06 ER:
„Der Antragstellerin war die **Aufnahme einer Arbeit bis zum Beginn der Mutterschutzfristen** auch **zumutbar**... Dabei ließ die Eingliederungsvereinbarung auch ausdrücklich die Suche nach befristeten Tätigkeiten, Teilzeittätigkeiten, Minijobs und Midijobs zu, so dass der Ansicht der Antragstellerin nicht gefolgt werden kann, durch die bestehende Schwangerschaft habe es keine realistische Möglichkeit gegeben, einen interessierten Arbeitgeber zu finden. Auf der Grundlage ihres eigenen Vortrags dürfte die Antragstellerin Anfang Mai allenfalls im vierten Monat schwanger gewesen sein, so dass noch keinerlei Schutzfristen gegriffen haben und auch nicht ersichtlich ist, warum die Antragstellerin nicht gegebenenfalls Teilzeittätigkeiten - auch befristet – in dem von ihr erlernten Berufsbereich der Hauswirtschaft oder in der Gastronomie/Hotelgewerbe hätte übernehmen können. So besteht gerade im Sommer in dem Bereich Gastronomie und Hotelgewerbe ein besonders starker Bedarf an Arbeitskräften, so dass ein Arbeitgeber unter diesem Gesichtspunkt möglicherweise sogar froh gewesen wäre, eine Aushilfskraft einstellen zu können. Deshalb kann das Bestehen der Antragsgegnerin auf weiteren Eigenbemühungen der Antragstellerin auch nicht als schikanös angesehen werden.

Das **Vorliegen eines wichtigen Grundes** im Sinne des § 31 Abs. 1 Satz 2 SGB 2 ist auch deshalb **zu verneinen**, da der Ehemann der Antragstellerin nach den Regelungen des Unterhaltsrechtes seinen Kindern gegenüber zum Unterhalt verpflichtet ist ... Gemäß § 1612 Abs. 2 Satz 1 BGB haben die Antragstellerin und ihr Ehemann bestimmt, dass die Kinder im elterlichen Haushalt Naturalunterhalt und Betreuungsunterhalt bekommen, wobei der Betreuungsunterhalt dem Barunterhalt gleichwertig ist... Wegen eigener Bedürftigkeit können die Antragstellerin und ihr Ehemann als Eltern keinen Barunterhalt aus eigenem Vermögen oder eigenen Einkünften zum Unterhalt der Kinder beisteuern. Es verbleibt jedoch die **Verpflichtung zur Erziehung und Betreuung der Kinder**, und zwar **sowohl für den Vater als auch für die Mutter**. Daran ändert die behauptete Einstellung des Ehemannes der Antragstellerin, seine eigenen Kinder für den Fall der Berufstätigkeit der Antragstellerin nicht betreuen zu wollen, nichts. Die Behauptung, dass türkische Väter aus dem ländlichen Bereich die erforderlichen Betreuungsaufgaben nicht gelernt hätten und kategorisch ablehnten, ändert nichts an den oben genannten Unterhaltsverpflichtungen. Lerndefizite lassen sich durch entsprechende (und zu verlangende) Anstrengungen beheben und ausländisch begründete Traditionen können – jedenfalls bei dem vorliegenden Sachverhalt - deutsches Unterhaltsrecht nicht außer Kraft setzen."

LSG Nordrhein-Westfalen, Beschluss vom 10.10.2006, L 19 B 79/06 AS ER:
„In der ... Eingliederungsvereinbarung vom 26.01.2006 verpflichtete sich Ersterer *(Anm.: der Antragsteller)* in der Zeit vom 15.02. bis 14.03.2006 an einem **Bewerbertraining** (Profiling) teilzunehmen. In der **Folgezeit** fasste der Antragsteller den **Entschluss**, seinen Unterhalt durch **selbständige Tätigkeit**

sicherzustellen. Die vereinbarte Maßnahme trat er nicht an. ... Die **Maßnahme** war **zumutbar** und der Kläger hatte auch **keinen wichtigen Grund** im Sinne des § 31 Abs. 1 Satz 2 SGB II für seine Weigerung, an der Maßnahme teilzunehmen. Zum Zeitpunkt deren Durchführung hatte der Antragsteller noch keine selbständige Tätigkeit aufgenommen. Die von ihm im Hinblick auf die beabsichtigte selbständige Tätigkeit gebuchten Seminare lagen zeitlich im Wesentlichen nach Abschluss der von der Antragsgegnerin angebotenen Maßnahme. Da der Antragsteller zu diesem Zeitpunkt daher auch nicht wissen konnte, ob er mit Erfolg in die Selbständigkeit würde wechseln können, bot die Maßnahme auch noch die Vermittlung sinnvoller Kenntnisse, so dass das Festhalten der Antragsgegnerin an der Verpflichtung des Antragstellers auch nicht als schikanös - wie der Antragsteller meint - angesehen werden kann."

LSG Nordrhein-Westfalen, Beschluss vom 17.11.2006, L 19 B 75/06 AS ER:
„Die gesetzlichen Voraussetzungen der ... Absenkung ... sind erfüllt, da der Antragsteller in einer Eingliederungsvereinbarung festgelegte Pflichten nicht erfüllt hat ..., indem er die **Maßnahme**, deren Teilnahme er zugesagt hatte, **lediglich an einem Tag besuchte**, ohne für sein Verhalten einen wichtigen Grund im Sinne von § 31 Abs. 1 Satz 2 SGB II nachzuweisen. Denn angesichts des mit der Maßnahmeteilnahme erfolgten Zweckes, den Antragsteller zur Aufnahme eines seiner Formalqualifikation entsprechenden Berufsweges zu bewegen, kann sein kurzfristiges Interesse an der unveränderten **Fortführung einer geringfügigen Beschäftigung** ... nicht als wichtiger Grund im Sinne dieser Vorschrift angesehen werden."

LSG Berlin-Brandenburg, Beschluss vom 06.03.2007, L 28 B 290/07 AS ER:
„Im vorliegenden Fall ist der Antragsteller der in der Eingliederungsvereinbarung vom 6. Juli 2006 festgelegten Verpflichtung (Obliegenheit), in der Zeit vom 6. bis zum 17. Juli 2006 an einer Trainingsmaßnahme bei dem Bildungswerk Fe. V. in L teilzunehmen, trotz Rechtsfolgenbelehrung nicht nachgekommen. Der Antragsteller hat hierzu vorgetragen, dass er in dieser Zeit seine **Großmutter und ihren am 20. Juli 2006 verstorbenen Lebensgefährten unterstützt** habe. Er habe **Krankentransportfahrten durchgeführt und "wirtschaftliche Dinge" erledigt**. Ob dieses Vorbringen einen wichtigen Grund im Sinne von § 31 Abs. 1 Satz 2 SGB II darstellt und das Verhalten des Antragstellers rechtfertigt, kann nicht im Rahmen dieses summarischen Verfahrens geklärt werden, sondern muss dem Hauptsacheverfahren vorbehalten bleiben. Insoweit ist aber bereits nicht offensichtlich, warum Krankentransportfahrten nicht durch andere Personen oder im Rahmen des Leistungsangebotes der gesetzlichen Krankenversicherung (vgl. § 60 des Fünften Buches Sozialgesetzbuch) durchgeführt und die "wirtschaftlichen Dinge" nicht vor oder nach der Teilnahme des Antragstellers an der Trainingsmaßnahme hätten erledigt werden können."

LSG Rheinland-Pfalz, Beschluss, 05.07.2007, L 3 ER 175/07 AS:
„Ein **wichtiger Grund** im Sinne des § 31 Abs. 1 Satz 2 SGB II liegt vor, wenn dem erwerbsfähigen Hilfebedürftigen bei Berücksichtigung aller Umstände des Einzelfalles und **Abwägung seiner berechtigten Interessen mit den Interessen der Gemeinschaft** im Rahmen der Grundsicherung für Arbeitsuchende ein **anderes Verhalten nicht zugemutet werden kann**... Trotz des nach § 15 SGB II grundsätzlich bestehenden Kontrahierungszwangs hat der Arbeitslose einen **wichtigen Grund zur Ablehnung eines Vertrages, wenn dieser einen rechtswidrigen Inhalt enthält...**"

LSG Nordrhein-Westfalen, Beschluss vom 13.07.2007, L 20 B 114/07 AS:
„Der Senat teilt .. die Auffassung ..., dass der **Irrtum** der Klägerin **über das Datum der** von der Beklagten **verlangten Meldung keinen wichtigen Grund** im Sinne des § 31 Abs. 2 SGB II darstellt, der ein Absehen von der in dieser Norm geregelten Sanktion rechtfertigt. ... Dem Leistungsempfänger ist es zuzumuten, ein Aufforderungsschreiben zur Meldung mit der nötigen Sorgfalt zu lesen und ggf. ein hinreichendes Verständnis sicherzustellen."

LSG Nordrhein-Westfalen, Beschluss vom 24.09.2007, L 20 B 169/07 AS ER:
„Der Antragsteller hat sich i.S.v. § 31 Abs. 1 Satz 1 Nr. 1b SGB II geweigert, eine in der Eingliederungsvereinbarung vom 08.01.2007 festgelegte Pflicht zu erfüllen, ohne hierfür i.S.v. Satz 2 der Vorschrift einen wichtigen Grund zu haben.
Die im Anschluss an eine Weigerung des Antragssteller vom 03.01.2007, eine Eingliederungsvereinbarung zu unterschreiben, nach § 15 Abs. 1 Satz 6 SGB II **durch Verwaltungsakt zustande gekommene Eingliederungsvereinbarung** vom 08.01.2007 statuierte als Pflicht des Antragstellers den Antritt des Brückenjobs beim SKF am 24.01.2007. Der Antragsteller hat den Brückenjob jedoch nicht angetreten. Ein wichtiger Grund bestand bei summarischer Prüfung hierfür keineswegs. Denn der Antragsteller ist seit langen Jahren nicht mehr am ersten Arbeitsmarkt tätig gewesen. Erfahrungsgemäß kann in einer solchen Situation die Einübung in allgemeine, am ersten Arbeitsmarkt regelmäßig abgefragte Arbeitstugenden unter den "weichen" Bedingungen eines Brückenjobs wie demjenigen beim SKF eine Wiedergewöhnung an die Bedingungen, die für eine Eingliederung in den ersten Arbeitsmarkt unerlässlich sind, fördern. Die Tätigkeit war damit für die Wiedereingliederung des seit langem nicht mehr berufstätigen Antragstellers in das reguläre Arbeitsleben geeignet und sinnvoll. Da **auf individuelle gesundheitliche Einschränkungen**, aber auch auf **Begabungen** des Antragstellers **in sinnvollem Umfang Rücksicht genommen** worden ist, war die Tätigkeit auch zumutbar. Wichtige Gründe gegen die Aufnahme der Tätigkeit hat der Antragsteller auch nicht vorgetragen. Der Umstand, dass er eine **große Familie** (mit weitgehend erwachsenen Kindern) hat, **entlastet ihn nicht von der Pflicht**, seinerseits **an seiner Eingliederung mitzuwirken**. Dass ihm die **Antragsgegnerin bisher keine Arbeitsstelle** am ersten Arbeitsmarkt **verschaffen konnte, entlastet**

ihn ebensowenig. Zum einen ist er hier in erster Linie auf Eigenbemühungen zu verweisen; zum anderen spricht gerade seine lange Arbeitsentwöhnung auch für das Vorgehen der Antragsgegnerin..."

LSG Berlin-Brandenburg, Beschluss vom 12.10.2007, L 20 B 1678/07 AS ER:
„Ein wichtiger Grund, der zur Ablehnung der Tätigkeit berechtigte, ergibt sich auch keineswegs aus dem von der Antragstellerin vorgetragenen Arbeitsinhalt. Ein wichtiger Grund, der die Arbeit unzumutbar machte, läge lediglich vor, wenn bei der in Aussicht genommenen Arbeit oder Arbeitsgelegenheit bindende **Bestimmungen über Arbeitsbedingungen und Arbeitsschutzvorschriften nicht eingehalten** würden, die **Arbeit selbst gegen ein Gesetz verstieße**, dem Hilfebedürftigen im Hinblick auf seine **Religion** und/oder **sittlich unzumutbar** wäre... Als Hilfesuchende muss die Antragstellerin vor der Inanspruchnahme von Leistungen vorrangig ihre gesamte "Arbeitskraft" zur Beschaffung ihres Lebensunterhalts einsetzen, auch wenn ihr die angetragene Tätigkeit nicht zusagt. Lediglich wenn diese gegen ein gesetzliches Verbot verstieße, wofür es keine Hinweise gibt, bestände ein Ablehnungsgrund."

SG Aachen, Beschluss vom 19.11.2007, S 9 AS 128/07 ER:
„Die Antragstellerin hat die ihr ordnungsgemäß angebotene Maßnahme zur Eignungsfeststellung nicht angetreten. Anhaltspunkte dafür, dass ihr diese Maßnahme nicht zumutbar war, sind nicht ersichtlich. Ein wichtiger Grund, der der Erfüllung eines Sperrzeittatbestandes entgegenstehen würde (§ 144 Abs. 1 S. 1 SGB III), ist nicht glaubhaft gemacht. Ein solcher **wichtiger Grund** wäre es, **wenn die Antragstellerin** - wie sie vorträgt - **wegen einer schweren Verletzung nicht in der Lage gewesen wäre, an der Maßnahme teilzunehmen**. Dies glaubhaft zu machen, ist der Antragstellerin allerdings nicht gelungen. Nach eigenen Angaben stieß sie mit dem Fuß gegen eine Badewanne, woraufhin der Fuß stark anschwoll. Dies geschah am Tag vor Beginn der Maßnahme. Ein Arzt wurde nicht hinzugerufen oder aufgesucht, was auch nicht möglich gewesen sei, weil die Praxisgebühr nicht habe aufgebracht werden können. Schon wegen des Zeitablaufes lässt sich nachträglich nicht mehr feststellen, ob eine Arbeitsunfähigkeit vorlag. Schwester und Mutter der Klägerin wurden nur für ein mit der Antragsgegnerin geführtes Telefongespräch, nicht für die Verletzung als Zeugen benannt, könnten aber mangels eigenen Sachverstandes zur Frage der Arbeitsunfähigkeit der Antragstellerin wohl nichts sagen. Dem Gericht erscheint gerade angesichts der Anwesenheit sowohl der Schwester als auch der Mutter der Antragstellerin nicht nachvollziehbar, dass der Betrag von 10,00 Euro für einen Arztbesuch nicht aufgebracht werden konnte. Eine Nachfrage bei dem Hausarzt, ob die Klägerin im zweiten Quartal 2007 die Praxisgebühr noch nicht entrichtet hatte und ob ihm anlässlich evtl. späterer Besuche der Antragstellerin eine Fußverletzung bekannt geworden ist, war nicht möglich, da ein Hausarzt trotz dreimaliger Nachfrage nicht benannt wurde. Darauf, welchen Inhalt ein von der Klägerin evtl. am 04.06.2007 um 12:00 Uhr geführtes Telefongespräch mit der Antragsgegnerin

hatte, kommt es nicht an. Wird dieser Gesprächszeitpunkt entgegen der ursprünglichen eidesstattlich versicherten Angaben der Antragstellerin als zutreffend unterstellt, war der Tatbestand des Nichtantritts der Maßnahme, die um 08:30 Uhr begann und nur auf halbe Tage angelegt war, zu diesem Zeitpunkt bereits erfüllt. Da offenbar Dauerschäden am Fuß nicht zurückgeblieben sind und die Schwellung ohne Arztbesuch und Behandlung von alleine wieder verschwand, ist das Gericht auch nicht davon überzeugt, dass eine Verletzung vorlag, die am Folgetag noch Arbeitsunfähigkeit begründete oder es der Antragstellerin unmöglich gemacht hätte, die 3,5 km entfernte Schulungsstätte, ggf. mit Hilfe der Mutter oder der Schwester, aufzusuchen."

LSG Nordrhein-Westfalen, Beschluss vom 10.07.2008, L 7 B 180/08 AS ER:
„Die ... Interessenabwägung geht zu Lasten der Antragsgegnerin. Die Antragsgegnerin hat wegen der "wiederholten Pflichtverletzung - Aufforderung des zuständigen Trägers, sich bei ihm zu melden" - die Regelleistung ... vom 01.04.2008 bis zum 30.06.2008 um 20 % abgesenkt. Es bestehen ernstliche Zweifel an der Rechtmäßigkeit des gegenüber der Antragstellerin ... am 19.03.2008 ergangenen Sanktionsbescheides. Denn nach dem Aktenvermerk von Frau Drees liegt nach einer Mitteilung von Frau Kohlmeier-Mismahl eine **psychische Erkrankung** bei der Antragstellerin ... vor, die dazu führt, dass diese **nicht mehr das Haus verlässt** und nunmehr von Seiten der Antragsgegnerin zur Abklärung des Erkrankungsbildes der sozialpsychologische Dienst eingeschaltet werden soll. Somit ergeben sich konkrete Anhaltspunkte dafür, dass ein **wichtiger Grund** nach § 31 Abs. 2 SGB II vorliegt."

LSG Bayern, Beschluss vom 22.08.2008, L 7 B 604/08 AS PKH:
„Die Bf. hat den Tatbestand des § 31 Abs. 1 Satz 1 Nr. 1 Buchstabe b SGB II erfüllt. Zu der Teilnahme an der Aktivierungs- und Qualifizierungsmaßnahme "TIP" des bfz C-Stadt hatte sie sich in der Eingliederungsvereinbarung vom 27.09.2007 wirksam verpflichtet. Eine ausreichend konkrete und zeitnahe Rechtsfolgenbelehrung wurde erteilt... Diese Teilnahmepflicht hatte die Bf. zurechenbar ... verletzt. Im Angebotsschreiben vom 27.09.2007 war sie von der Bg. explizit und an exponierter Stelle (in Fettdruck) darauf hingewiesen worden, der Kurs dauere zwei Monate und verlängere sich um eventuelle Fehltage. Dennoch hat die Bf. davon abgesehen, nach Wiederherstellung ihrer Gesundheit den Lehrgang aufzunehmen. Für diese Verweigerung hatte sie **keinen wichtigen Grund** (§ 31 Abs. 1 Satz 2 SGB II). Das Argument, wegen der **fehlenden funktionstüchtigen Waschmaschine** keine Kleidung waschen zu können, überzeugt auch nicht im Ansatz. ... Die Bf. war nicht berechtigt, durch Fernbleiben von dem Kurs die Leistung einer Waschmaschine zu erzwingen."

LSG Nordrhein-Westfalen, Beschluss vom 24.11.2008, L 7 B 252/08 AS:
„Als **wichtiger Grund** sind dabei **alle Umstände** anzusehen, **die eine Meldung unmöglich gemacht haben oder diese als unzumutbar erscheinen lassen**, so dass ein anderes Verhalten billigerweise nicht zu erwarten war. ... Der Kläger begründete bereits den Widerspruch ... damit, dass er wegen der **gravierenden psychiatrischen Erkrankungen seiner Ehefrau** nicht in der Lage gewesen sei, der Meldeaufforderung nachzukommen. ...
Auf der anderen Seite weist die Beklagte im Widerspruchsbescheid darauf hin, dass der Kläger zum einen eine Nebenbeschäftigung als Zeitungszusteller ausübt und zum anderen den Einkauf für den Haushalt erledigt, wofür er jeweils den gemeinsamen Haushalt verlassen muss. Das SG wird den Sachverhalt weiter aufklären und ermitteln, wann sich der Kläger wegen seiner Nebenbeschäftigung außer Haus befand, wie und ob eine Betreuung der Ehefrau sichergestellt und ob der Kläger wegen der Erkrankung der Ehefrau objektiv daran gehindert war, Meldetermine in den Räumen der Beklagten ... wahrzunehmen."

SG Dortmund, Urteil vom 02.02.2009, S 31 AS 317/07:
„Nach § 31 Abs. 1 Nr. 1c SGB II erfolgt eine Kürzung nur dann, wenn der Hilfebedürftige sich trotz Belehrung über die Rechtsfolgen ohne wichtigen Grund weigert, eine zumutbare Arbeit aufzunehmen. Diese Voraussetzungen liegen hier nicht vor. Zunächst einmal handelte es sich bei der Stelle ... **nicht um zumutbare Arbeit**. Der **Stundenlohn** sollte **4,50 Euro brutto** betragen. Das Arbeitsgericht XXX hat bereits entschieden, dass solche Stundenlöhne sittenwidriger Lohnwucher sind... Die erkennende Kammer schließt sich dieser überzeugenden Rechtsprechung an. Die **unterste Lohngruppe im Tarifvertrag** Einzelhandel, Lohngruppe II a, sieht für die Zeit ab 01. September 2006 einen Bruttostundenlohn von **9,82 Euro** vor. Der Stundenlohn bei xxx erreichte nicht einmal die Hälfte dessen. Solche Vergütung ist unzumutbar. Niemand sollte in Deutschland für solch einen Stundenlohn arbeiten müssen. Arbeitslosen solche Stellen mit Hilfe von Sanktionen aufzuzwingen, hieße, Lohndumping zu unterstützen und das Lohngefüge in Deutschland weiter nach unten zu schrauben."

LSG Bayern, Beschluss vom 02.03.2009, L 11 B 994/08 AS PKH:
„Die Weigerung, die angebotene Tätigkeit aufzunehmen, stellt der Kläger nicht in Abrede und sein Vorbringen, der angebotene Arbeitsplatz sei für ihn mit öffentlichen Verkehrsmitteln nicht erreichbar gewesen, stellt keinen wichtigen Grund iSd § 31 Abs. 1 Satz 2 SGB II dar. ...
Die Frage der **Erreichbarkeit des Arbeitsplatzes** ist hierbei jedoch nicht im Rahmen eines wichtigen Grundes iSd § 31 Abs. 1 Satz 2 SGB II zu prüfen, sondern dies ist eine **Frage der Zumutbarkeit des Arbeitsplatzangebotes**, wie aus § 10 Abs. 2 Nr. 3 SGB II zu schließen ist. Hierbei geht der Gesetzgeber jedoch generalisierend davon aus, dass es **in der Regel keinen unerreichbaren Arbeitsplatz** gibt und gegebenenfalls auch ein Umzug ins Auge

zu fassen ist, es sei denn, dem stehen wichtige Gründe entgegen, so dass die Aufnahme einer solchen Beschäftigung unzumutbar i. S. d. § 10 Abs. 1 Nr. 5 SGB II erscheint..."

LSG Hamburg, Urteil vom 16.07.2009, L 5 AS 20/07:
„Ein wichtiger Grund ist immer dann gegeben, wenn der Arbeitnehmer nach arbeitsrechtlichen Grundsätzen **zur fristlosen Kündigung berechtigt** wäre... Der Kläger hat angegeben, es habe Schwierigkeiten bei der Arbeitsaufnahme gegeben. Insbesondere habe er vom Arbeitgeber keinen Schutzhelm erhalten, so dass er seine Einsatzstelle ... zweimal nicht habe betreten dürfen. Auch seien ihm Änderungen des Einsatzplans nicht rechtzeitig mitgeteilt worden. Er habe sich total ausgenutzt und verkohlt gefühlt und daraufhin gekündigt.
Ein wichtiger Grund vermag hieraus nicht zu folgen. Auch wenn alle Schilderungen des Klägers zutreffen: Ein Recht zur fristlosen Kündigung nach arbeitsrechtlichen Grundsätzen räumten ihm die geschilderten Schwierigkeiten zu Beginn der Aufnahme seiner Tätigkeit nicht ein. Es war ihm vielmehr zumutbar, vor seiner fristlosen Kündigung zunächst ein weiteres Gespräch mit seinem Arbeitgeber zu suchen und seine Kritik vorzubringen, dabei gleichwohl seine Arbeitskraft anzubieten und so auf die Zurverfügungstellung der erforderlichen Arbeitskleidung und die Einhaltung eines zuverlässigen Dienstplans zu drängen. ...
Insbesondere begegnet die vereinbarte Lohnhöhe von **5,65 EUR brutto für die Stunde** keinen durchgreifenden rechtlichen Bedenken. Das Bundesarbeitsgericht hat ein auffälliges Missverhältnis zwischen Leistung und Gegenleistung, das wegen Lohnwuchers zur Nichtigkeit des Arbeitsvertrages führt, dann angenommen, wenn die Arbeitsvergütung nicht einmal **zwei Drittel eines** in der betreffenden Branche und Wirtschaftsregion **üblicherweise gezahlten Tariflohns** erreicht... Dieser Auffassung schließt sich der Senat an. Die nicht tarifgebundene C. GmbH hat vorliegend mitgeteilt, dass für ihre Branche Tarifverträge nicht bestünden, jedoch diejenigen für das Tankstellen- und Garagengewerbe vergleichbar seien. Die Tarifverträge über die Vergütungen im Tankstellen- und Garagengewerbe ... sahen ab 1. August 2003 für einfache und schematische Tätigkeiten, für die eine abgeschlossene Berufsausbildung nicht erforderlich ist, ein Stundenentgelt von 7,58 EUR vor."

LSG Nordrhein-Westfalen, Beschluss vom 13.10.2010, L 6 AS 1076/10 B:
„Liegt ein Meldeversäumnis vor, so obliegt es dem Hilfebedürftigen, einen wichtigen Grund dafür zu belegen, warum es ihm nicht möglich war, der Meldeaufforderung nachzukommen. Allein die **Behauptung** des Klägers, er sei so **krank gewesen**, dass er nicht habe kommen können, genügt hierfür nicht. Vielmehr müssen ärztliche Befunde erhoben worden sein, die konkret dokumentieren, dass an eben dem streitigen Tag eine so gravierende Erkrankung vorgelegen hat, dass die Wahrnehmung der Meldepflicht gesundheitlich nicht

möglich gewesen ist. ... Kann ein wichtiger Grund nicht nachgewiesen werden, geht dies zulasten des hierfür beweispflichtigen Klägers."

BSG, Urteil vom 09.11.2010, B 4 AS 27/10 R:
„Wichtige Gründe i. S. des § 31 Abs. 2 SGB II können alle **Umstände des Einzelfalls** sein, die unter Berücksichtigung der berechtigten **Interessen des Hilfebedürftigen** in **Abwägung** mit etwa entgegenstehenden **Belangen der Allgemeinheit** das Verhalten des Hilfebedürftigen rechtfertigen. ... Mit seinem Revisionsvorbringen, er sei auf Grund "seiner Krankmeldung" durch Dr. B vom Vorliegen eines wichtigen Grundes ausgegangen bzw. ein wichtiger Grund sei schon wegen des anberaumten Arzttermins gegeben, stellt er auf subjektive Vorstellungen, nicht jedoch auf den rechtlich geforderten "objektiven Maßstab" für die Annahme eines wichtigen Grundes ab...
Macht der Arbeitslose gesundheitliche Gründe für sein Nichterscheinen geltend, kommt als Nachweis für die Unfähigkeit, aus gesundheitlichen Gründen beim Leistungsträger zu erscheinen, zwar regelmäßig die Vorlage einer Arbeitsunfähigkeitsbescheinigung in Betracht. **Arbeitsunfähigkeit** ist jedoch **nicht** in jedem Einzelfall **gleichbedeutend mit einer krankheitsbedingten Unfähigkeit, zu einem Meldetermin zu erscheinen...**"

SG Mainz, Urteil vom 11.04.2013, S 10 AS 1221/11:
„Die Klägerin hat trotz Belehrung über die Rechtsfolgen die Aufnahme einer für sie zumutbaren Arbeit ... verweigert, ohne dafür einen wichtigen Grund ... gehabt zu haben. Die Strecke von unter **3 km** kann zumutbar **zu Fuß** bewältigt werden, wenn kein Bus mehr genommen werden kann. Auch die örtlichen Umstände sind nicht von einer solchen Gefährlichkeit, dass der Klägerin dies, sollte sie in der **Nachtschicht** eingesetzt werden, unzumutbar gewesen wäre. Die Wege sind ausreichend beleuchtet und es existieren in der Umgebung normale Geschäfte, die auch noch nachts geöffnet sind. Im Übrigen hätte sich die Klägerin ggf. um eine Mitfahrgelegenheit bemühen können oder mit anderen Mitarbeitern einen Teil des Weges laufen können, da sie nicht als Einzige in der **Spätschicht** eingesetzt worden wäre."

LSG Nordrhein-Westfalen, Beschluss vom 21.08.2013, L 7 AS 1402/13 B:
„Bei einer Erkrankung kommt es ... darauf an, ob der Betroffene krankheitsbedingt daran gehindert war, den **Meldetermin** wahrzunehmen. Als Nachweis für die Unfähigkeit, aus gesundheitlichen Gründen beim Leistungsträger zu erscheinen, kommt regelmäßig die Vorlage einer Arbeitsunfähigkeitsbescheinigung in Betracht. Arbeitsunfähigkeit ist ... jedoch nicht in jedem Fall gleichbedeutend mit einer krankheitsbedingten Unfähigkeit, zu einem Meldetermin zu erscheinen. ... Ausgehend von den tatsächlichen Gegebenheiten, dass der Kläger mehrfach zu Meldeterminen nicht erschienen ist und stets Arbeitsunfähigkeitsbescheinigungen vorlegte, war es vorliegend zulässig und auch notwendig, mit der Einladung ausführlich darauf hinzuweisen, dass nunmehr

"**Terminunfähigkeit**" bescheinigt werden müsse, um als wichtiger Grund anerkannt zu werden. ... Jedoch fehlt ... in dem der Einladung beigefügten Hinweisblatt des Beklagten die Information, dass .. der Nachweis nicht nur durch ein Attest des behandelnden Arztes, sondern auch **durch Zeugenbeweis** möglich ist..."

LSG Nordrhein-Westfalen, Beschluss vom 17.09.2013, L 19 AS 1430/13 B:
„Der Kläger hat einen wichtigen Grund für das Meldeversäumnis ... nicht dargelegt und nachgewiesen. ... Der ... geltend gemachte Hinderungsgrund - finanzielle **Unmöglichkeit der Vorfinanzierung der Fahrtkosten** von 2,40 EUR bei Benutzung öffentlicher Verkehrsmittel - hat nicht vorgelegen. Aus dem ... Kontoauszug geht hervor, dass das Girokonto des Klägers am 29.10.2012 ein Guthaben von 2,86 EUR ... *(aufwies)*. Auch nach Abhebung ... von 2,40 EUR hätte das Girokonto noch ein Guthaben von 0,46 EUR aufgewiesen. Zudem wäre der Beklagte verpflichtet gewesen, dem Kläger die Fahrtkosten zu ersetzen... Vor diesem Hintergrund lässt der Senat offen, ob dem ... Kläger, der wesentliche gesundheitliche Einschränkungen nicht geltend gemacht hat, das Aufsuchen der Dienststelle des Beklagten auch zu Fuß zumutbar gewesen wäre. Nach Aktenlage spricht jedenfalls nichts dagegen."

LSG Bayern, Urteil vom 26.02.2015, L 7 AS 476/14:
„Die ... Erkrankungen (Herz, Asthma und Burnout) hinderten die Klägerin ... nicht daran, zu einem Untersuchungstermin zu erscheinen. Die pauschale **Behauptung**, dass eine **Sanktion verfassungswidrig** sei, stellt **keinen wichtigen Grund** ... dar. ... § 32 SGB II *(ist)* nicht verfassungswidrig. Eine solche Feststellung hat das Bundesverfassungsgericht bislang auch nicht getroffen... Die herrschende Meinung ... geht von der Verfassungsmäßigkeit der Sanktionstatbestände aus... Die Kläger befinden sich in einem Rechtsirrtum, wenn sie glauben, dass der Beklagte an seine Einschätzung der Erwerbsunfähigkeit ... im Jahre 2009 für die Folgezeiträume gebunden sei... Die Wirksamkeit eines Bewilligungsbescheides erschöpft sich regelmäßig mit dem Ablauf des Zeitraumes, für den er erlassen worden ist. Danach hat der Beklagte **für jeden Folgezeitraumzeitraum** neu, ohne an frühere Entscheidungen gebunden zu sein, sämtliche **Leistungsvoraussetzungen** (einschließlich der Erwerbsfähigkeit) zu **prüfen** ... Dem MDK obliegt ... gerade nicht die Beurteilung der Erwerbsfähigkeit im Rahmen des SGB II. Der Beklagte nutzt den ärztlichen Dienst der Bundesagentur für Arbeit, im Falle der Klägerin allerdings bislang erfolglos. Es ist nicht ansatzweise nachvollziehbar, weshalb sich die Klägerin einer solchen ärztlichen Untersuchung bis heute widersetzt."

SG Köln, Urteil vom 06.03.2015, S 6 AS 2728/14:
„Mit der Verpflichtung der Klägerin zur Anmeldung und Teilnahme an einem **Integrationskurs** in dem Eingliederungsverwaltungsakt hat der Beklagte .. eine gesetzliche Vorgabe umgesetzt. Die Klägerin hat sich zudem geweigert,

die ... Pflicht zur Anmeldung und Teilnahme an einem Integrationskurs zu erfüllen. ... Auf einen wichtigen Grund kann sich die Klägerin nicht erfolgreich berufen. ... Die Integration ausländischer Mitbürger insbesondere durch Erlernung ausreichender Kenntnisse der deutschen Sprache ist ein wichtiges Belangen der Allgemeinheit. Da die Klägerin trotz langjährigem Aufenthalt in der Bundesrepublik Deutschland über **keine ausreichenden Kenntnisse der deutschen Sprache** verfügt und bislang offensichtlich auch keine Ambitionen zur Verbesserung ihrer Sprachkenntnisse im privaten Bereich gezeigt hat, handelt es sich bei der Verpflichtung zur Teilnahme an einem ... Integrationskurs um eine verhältnismäßige und vor allem auch **im Interesse der Klägerin gebotene Maßnahme**. Denn eine Teilhabe an der Gesellschaft ist regelmäßig nur mit entsprechenden Kenntnissen der Landessprache möglich, was auch in Bezug auf die Erfolgsaussichten auf dem Arbeitsmarkt gilt. ... Dem Attest des behandelnden Facharztes für Psychiatrie und Psychotherapie ... folgend, liegen ... eine **depressive Episode und eine Somatisierungsstörung** vor. Selbst wenn deshalb die Aufmerksamkeit, Konzentration, Auffassungsgabe, Merkfähigkeit, Belastbarkeit und das Durchhaltevermögen ... herabgesetzt sind, rechtfertigen solche Einschränkungen das Verhalten der Klägerin nicht. Ob ein solcher Integrationskurs ... erfolgreich gewesen wäre, hätte sich allein bei einem Versuch der Teilnahme gezeigt. ... Allerdings bedarf es bei bereits bewilligten Leistungen zur Sicherung des Lebensunterhalts nach dem SGB II einer **Aufhebung**sentscheidung nach § 48 SGB X."

6. Sonstige Voraussetzungen nach § 31 (Eingliederungsvereinbarung, zumutbare Arbeit etc.)

§ 31 SGB II Pflichtverletzungen

(1) Erwerbsfähige Leistungsberechtigte verletzen ihre Pflichten, wenn sie trotz schriftlicher Belehrung über die Rechtsfolgen oder deren Kenntnis
1. sich weigern, in der Eingliederungsvereinbarung oder in dem diese ersetzenden Verwaltungsakt nach § 15 Absatz 3 Satz 3 festgelegte Pflichten zu erfüllen, insbesondere in ausreichendem Umfang Eigenbemühungen nachzuweisen,
2. sich weigern, eine zumutbare Arbeit, Ausbildung, Arbeitsgelegenheit nach § 16d oder ein nach § 16e gefördertes Arbeitsverhältnis aufzunehmen, fortzuführen oder deren Anbahnung durch ihr Verhalten verhindern,
3. eine zumutbare Maßnahme zur Eingliederung in Arbeit nicht antreten, abbrechen oder Anlass für den Abbruch gegeben haben.
Dies gilt nicht, wenn erwerbsfähige Leistungsberechtigte einen wichtigen Grund für ihr Verhalten darlegen und nachweisen.

(2) Eine Pflichtverletzung von erwerbsfähigen Leistungsberechtigten ist auch anzunehmen, wenn
1. sie nach Vollendung des 18. Lebensjahres ihr Einkommen oder Vermögen in der Absicht vermindert haben, die Voraussetzungen für die Gewährung oder Erhöhung des Arbeitslosengeldes II herbeizuführen,
2. sie trotz Belehrung über die Rechtsfolgen oder deren Kenntnis ihr unwirtschaftliches Verhalten fortsetzen,
3. ihr Anspruch auf Arbeitslosengeld ruht oder erloschen ist, weil die Agentur für Arbeit das Eintreten einer Sperrzeit oder das Erlöschen des Anspruchs nach den Vorschriften des Dritten Buches festgestellt hat, oder
4. sie die im Dritten Buch genannten Voraussetzungen für das Eintreten einer Sperrzeit erfüllen, die das Ruhen oder Erlöschen eines Anspruchs auf Arbeitslosengeld begründen.

Die **Tatbestandsvoraussetzungen** nach Abs. 1 im Überblick:

- Der erwerbsfähige Leistungsberechtigte

- **weigert** sich

    - in der **Eingliederungsvereinbarung** festgelegte Pflichten zu erfüllen oder

    - Pflichten zu erfüllen, die mit einem die Eingliederungsvereinbarung ersetzenden **Verwaltungsakt** festgelegt wurden oder

    - zumutbare **Arbeit oder Ausbildung** aufzunehmen oder fortzuführen oder

    - eine zumutbare **Arbeitsgelegenheit** oder ein nach § 16e gefördertes Arbeitsverhältnis aufzunehmen oder fortzuführen

- oder **verhindert** durch sein Verhalten die Anbahnung einer Arbeit, einer Ausbildung, einer Arbeitsgelegenheit oder eines mit einem Beschäftigungszuschuss geförderten Arbeitsverhältnisses oder

- **hat** eine zumutbare **Eingliederungsmaßnahme** nicht angetreten, abgebrochen oder den Abbruch veranlasst.

- Schriftliche **Belehrung** über die Rechtsfolgen oder deren Kenntnis

- Fehlen eines Nachweises eines **wichtigen Grundes** für das Verhalten

- Subjektive **Vorwerfbarkeit**

Die **Erwerbsfähigkeit** des Leistungsberechtigten muss zum Zeitpunkt des sanktionsbegründenden Ereignisses vorliegen, nicht mehr jedoch am Tag des Erlasses des Sanktionsbescheides oder während der Dauer der Sanktion.

Weigern meint die fehlende Bereitschaft des Leistungsberechtigten, seine Pflichten zu erfüllen. Weigern setzt **Vorsatz** voraus; eine fahrlässige Weigerung ist nicht möglich. Geringfügige Abweichungen dürften in der Regel das Tatbestandsmerkmal der Weigerung nicht erfüllen (z. B. 9 Bewerbungen statt 10).

Weigern kann auch konkludent geschehen. Die Weigerung, eine Arbeit aufzunehmen, kann z. B. in überzogenen Gehaltsforderungen liegen, in unzureichenden Bewerbungsunterlagen, Nichterscheinen zu Vorstellungsterminen oder in grobem Fehlverhalten im Vorstellungsgespräch.

Verletzt der Leistungsberechtigte Pflichten aus der **Eingliederungsvereinbarung**, ist deren Wirksamkeit zu prüfen. Das gilt vor allem für die Bestimmtheit der Pflichten und die Ausgewogenheit von Leistung und Gegenleistung; eine unzulässige Gegenleistung führt zur Nichtigkeit (§ 58 Abs. 2 Nr. 4 SGB X). In der Praxis sind die meisten Eingliederungsvereinbarungen nichtig. Sanktionen lassen sich hierauf dann nicht mehr stützen.

Verletzt der Leistungsberechtigte Pflichten aus einem **Eingliederungsverwaltungsakt**, ist dessen Rechtmäßigkeit zu prüfen. Ein Widerspruch gegen einen Sanktionsbescheid richtet sich auch gegen den Eingliederungsverwaltungsakt, solange dieser noch nicht bestandskräftig ist. Ist die Bestandskraft schon eingetreten, ist der Widerspruch als Überprüfungsantrag nach § 44 SGB X zu werten.

Arbeit ist jede Tätigkeit, die ein Bedürfnis befriedigen soll und im Wirtschaftsleben als Arbeit qualifiziert wird. Unter **Arbeit** sind auch geringfügige und kurzzeitige Beschäftigungen zu verstehen. Unzumutbare Arbeiten kann der Leistungsberechtigte ohne Folgen ablehnen.

Ausbildung muss der beruflichen Qualifikation dienen; allgemeine Schulausbildung fällt nicht hierunter.

Das Angebot einer **Arbeitsgelegenheit** enthält in der Regel auch eine Zuweisung; diese ist ein Verwaltungsakt. Die Prüfung des Sanktionsbescheides umfasst auch die Zuweisung, vor allem im Hinblick auf die Bestimmtheit des Angebotes.

Das Verhalten muss kausal für den **Abbruch** sein und der Leistungsberechtigte musste den Ausschluss aus der Maßnahme vorhersehen

können. Als maßnahmewidriges Verhalten zählen z. B. bewusst bekundetes Desinteresse und gezielte Störungen wie Beschimpfungen, Beleidigungen, Zwischenrufe, Telefonieren, Versenden von SMS.
In der Regel ist eine vorherige **Abmahnung** notwendig. Ungeschriebenes Tatbestandsmerkmal ist die Rechtmäßigkeit des Ausschlusses: die Voraussetzungen für eine außerordentliche Kündigung müssen erfüllt sein.

Die **Tatbestandsvoraussetzungen** nach Abs. 2 Nr. 1 im Überblick:

- Der erwerbsfähige Leistungsberechtigte
- hat nach Vollendung des 18. Lebensjahres
- sein **Einkommen** oder **Vermögen**
- in der **Absicht**
- gemindert,
- die Voraussetzungen für das Arbeitslosengeld II oder dessen Erhöhung herbeizuführen.

Absicht meint direkten Vorsatz, also zielgerichtetes Wollen; bedingter Vorsatz reicht nicht.

In der Praxis hat dieser Sanktionsgrund kaum Bedeutung: Im Jahr 2016 stützten die Jobcenter bundesweit hierauf nur 1.235 Sanktionen.

Die **Tatbestandsvoraussetzungen** nach Abs. 2 Nr. 2 im Überblick:

- Der erwerbsfähige Leistungsberechtigte
- setzt sein **unwirtschaftliches Verhalten** fort

- trotz Belehrung über die Rechtsfolgen oder deren Kenntnis.

- Subjektive Vorwerfbarkeit

Das Verhalten ist unwirtschaftlich, wenn der Leistungsberechtigte jede wirtschaftlich vernünftige Betrachtungsweise vermissen lässt und hierbei wesentlich vom Durchschnitt abweicht. Gemeint ist z. B. der verschwenderische, sinnlose oder fortgesetzt vorzeitige Verbrauch der Mittel.

357 Sanktionen im Jahr 2016 zeigen die geringe Bedeutung dieses Sanktionsgrundes in der Praxis.

Die **Tatbestandsvoraussetzungen** nach Abs. 2 Nr. 3 im Überblick:

- Die Agentur für Arbeit

- stellt fest,

- dass der Anspruch auf Arbeitslosengeld

- des erwerbsfähigen Leistungsberechtigten

- ruht oder erloschen ist, weil sie eine **Sperrzeit** oder das Erlöschen des Anspruchs festgestellt hat.

- Subjektive Vorwerfbarkeit

Das Jobcenter ist an die Feststellung der Arbeitsagentur gebunden; auf die Bestandskraft des Bescheides kommt es nicht an. Nichtigkeit macht den Bescheid jedoch unbeachtlich und kann keine Sanktion auslösen.

Eine Sperrzeit wegen verspäteter Arbeitsuchendmeldung löst keine Sanktion nach § 31 Abs. 2 Nr. 3 SGB II aus, ebenso wenig eine Sperrzeit wegen eines Meldeversäumnisses.

Die **Tatbestandsvoraussetzungen** nach Abs. 2 Nr. 4 im Überblick:

- Der erwerbsfähige Leistungsberechtigte
- erfüllt die **Voraussetzungen** für das Eintreten einer **Sperrzeit**
- die das Ruhen oder Erlöschen eines Anspruchs
- auf Arbeitslosengeld
- begründen.
- Subjektive Vorwerfbarkeit

Der Gesetzgeber will Leistungsberechtigte nach dem SGB II nicht besser stellen als Leistungsberechtigte nach dem SGB III.

Der Leistungsberechtigte muss zum Rechtskreis des SGB III gehören: Erforderlich ist vor allem eine versicherungspflichtige Beschäftigung.

In der Praxis wird es sich vor allem um Arbeitnehmer handeln, die noch keinen Anspruch auf Arbeitslosengeld erworben haben.

Das Jobcenter ist zu einer Minderung nach Abs. 2 Nr. 4 auch nicht berechtigt, wenn das von dem Leistungsberechtigten geforderte Verhalten bereits in § 31 Abs. 1 geregelt ist.

Rechtsprechung:

BVerfG, Urteil vom 14.02.2005, BvR 199/05:
„Aus diesen Gründen ist es auch bei der Grundsicherung für Arbeitsuchende unabdingbar, dass die fachnahen Sozialgerichte die relevanten tatsächlichen und rechtlichen Fragen klären und die einzelnen Regelungen verfassungsrechtlich überprüfen... Dazu zählt es zum Beispiel, **ob bei der Weigerung, eine Eingliederungsvereinbarung abzuschließen, die Geldleistungen gekürzt werden dürfen (§ 31 Abs. 1 Nr. 1 Buchstabe a SGB II) oder ob es ausreicht, an Stelle der Vereinbarung einen Verwaltungsakt zu erlassen (§ 15 Abs. 1 Satz 6 SGB II)**."

LSG Bayern, Urteil vom 12.05.2006, L 7 AS 40/05:
„Nach der Eingliederungsvereinbarung war die Klägerin **verpflichtet, sich bei der N. vorzustellen**. Diese Verpflichtung hat die Klägerin dadurch verletzt, dass sie **nur einmal versucht hat, diese telefonisch zu erreichen**. Die Klägerin hatte auch keinen wichtigen Grund für ihr Verhalten."

LSG Nordrhein-Westfalen, Beschluss vom 18.10.2006, L 1 B 27/06 AS ER:
„Nach § 31 Abs. 1 Nr. 1b SGB II ist unter Wegfall des Zuschlages nach § 24 die für den erwerbsfähigen Hilfebedürftigen nach § 20 SGB II maßgebende Regelleistung um 30 v.H. abzusenken, wenn er sich trotz einer Belehrung über die Rechtsfolgen weigert, in der **Eingliederungsvereinbarung** festgelegte Pflichten zu erfüllen, insbesondere in ausreichendem Umfang **Eigenbemühungen** nachzuweisen. ... Entgegen der Auffassung des SG ist im Rahmen der Sanktionsnormen des § 31 SGB II die **subjektive Vorwerfbarkeit** als **ungeschriebenes Tatbestandsmerkmal** wegen der strukturellen Ähnlichkeit zu den Sperrzeittatbeständen des § 144 Abs. 1 Satz 2 SGB III und des Wortsinnes zu prüfen...
Eine ... Pflicht ist nur eine solche, die dem erwerbsfähigen Hilfebedürftigen nach Maßgabe seines **Empfängerhorizont**es das ihm **abverlangte Verhalten unzweifelhaft erkennbar macht**. Eventuelle **Unklarheiten gehen zu Lasten des** für die Sanktionsentscheidung zuständigen **Leistungsträgers**... Jedoch müssen die Obliegenheiten in dem Eingliederungsvertrag klar und eindeutig bestimmt sein. Dies bedeutet, dass die dem Hilfebedürftigen abverlangten **Eingliederungseigenbemühungen nach Art, Umfang, Zeit und Ort** so zu **konkretisieren** sind, dass die Verletzungshandlung ohne Weiteres festgestellt werden kann...
Abgesehen davon hat er die von ihm erwarteten Eigenbemühungen durch eine schriftliche Aufstellung der täglichen und sonstigen Aktivitäten nach Auffassung des Senates hinreichend belegt. Danach sind ... als Eigenbemühungen **nicht nur konkrete** formelle oder informelle **Bewerbungen** bei Arbeitgebern anzusehen. Auch die Auswertung von Stellenanzeigen in Zeitungen und anderen Medien, Besuche von Arbeitsmarktbörsen, Vorsprachen bei privaten Vermittlern etc. fallen unter den Begriff der Eigenbemühungen..."

Dass der Antragsteller ... keine schriftlichen Belege vorgelegt hat, kann ihm nicht angelastet werden, denn weder der Eingliederungsvereinbarung selbst noch den sonstigen Umständen ist zu entnehmen, dass der Antragsteller vor seiner erstmaligen Vorsprache ... **über die Form des Nachweises seiner Eigenbemühungen informiert** worden ist."

LSG Bayern, Beschluss vom 01.08.2007, L 7 B 366/07 AS ER:
„Auch der Senat tendiert bei summarischer Prüfung dazu, eine **analoge Anwendung** von § 31 Abs. 1 Satz 1 Nr. 1 Buchst. b SGB II **auf** Verstöße gegen **Eingliederungsverwaltungsakte abzulehnen**. Denn von Verfassungs wegen sind Rechtsanalogien zu sozialrechtlichen Sanktionsvorschriften nur äußerst eingeschränkt zulässig. Dennoch räumt dieser Befund die Bedenken gegen § 31 Abs. 1 Satz 1 Nr. 1 Buchstabe a SGB II nicht gänzlich aus. Bestünde keine Sanktionierung von Verstößen gegen Eingliederungsverwaltungsakte, wären diese zwar "ein stumpfes Schwert". Diesen **Mangel** zu **beseitigen**, ist aber **Aufgabe des Gesetzgebers**."

LSG Berlin-Brandenburg, Beschluss vom 13.09.2007, L 5 B 1349/07 AS ER:
„Der Antragsgegner ... trägt die **Beweislast** dafür, dass der Antragsteller von dieser Stelle überhaupt Kenntnis erlangt, ihm mithin das **Vermittlungsangebot** auch **zugegangen** ist. ... Es widerspricht jeglicher Lebenserfahrung, dass sich ein Sachbearbeiter im Einzelnen daran erinnern können sollte, wie er vor nunmehr bald einem halben Jahr einen konkreten Brief an einen von einer Vielzahl von Leistungsempfängern versandt hat. ... Letztlich haben sich – wenn schon keine Zustellnachweise – so wenigstens allgemeinverständliche und aussagekräftige Informationen über die Versendungsmodalitäten unzweifelhaft aus den Akten des Antragsgegners zu ergeben; tun sie dies nicht, geht dies zu seinen Lasten."

LSG Berlin-Brandenburg, Beschluss vom 12.10.2007, L 14 B 1548/07 AS ER:
„Für den erfolgreichen **Nachweis von Eigenbemühungen** muss ein Beweismittel indessen zumindest den Schluss nahe legen, dass ein **ernsthaftes Bemühen um eine Anstellung** erfolgt ist. Diesen Anforderungen genügen die vom Antragsteller vorgelegten Stempel nicht. Weder lässt sich ihnen entnehmen, warum der Antragsteller gerade bei den von ihm aufgesuchten Betrieben von der Möglichkeit ausging, dass eine für ihn geeignete Stelle zu besetzen sei, noch geben sie irgendwelche Hinweise auf die Art des Bemühens des Klägers und die Reaktion des potentiellen Arbeitgebers. Die Stempel haben keinerlei Erklärungswert, der sich gerade auf eine Bewerbung bezieht."

LSG Sachsen-Anhalt, Beschluss vom 24.01.2008, L 2 B 96/07 AS ER:
„Es liegt aber kein "Weigern" im Sinne von § 31 Abs. 1 S. 1 Nr. 1 SGB II vor. Der Begriff des Weigerns ist mangels gegenteiliger Anhaltspunkte im Normtext oder aus dem systematischen Zusammenhang im Sinne des allgemeinen Sprachgebrauchs zu verstehen. Er beschreibt die Ablehnung, etwas Bestimmtes zu tun, drückt also die willentliche Vollendung eines Geschehensablaufes aus und ist somit vom fahrlässigen Verhalten zu unterscheiden ...
Für ein insoweit **enges Verständnis des Begriffes des "Weigerns"** sprechen auch die Materialien des Gesetzgebungsverfahrens zum Vierten Gesetz für moderne Dienstleistungen am Arbeitsmarkt ("Hartz IV"). ... Der Senat sieht in den Materialien die Vorstellungen des Gesetzgebers dokumentiert, dass im Falle von erwerbsfähigen Hilfebedürftigen, die in einem Betreuungs- und Leistungsverhältnis zum SGB II-Leistungsträger stehen, die **Eingliederung** mittels Vereinbarung **kooperativ** erreicht werden soll. Auf **Sanktionen** soll nur als **letztes** und zugleich erzieherisch wirkendes **Mittel** zurückgegriffen werden. Der Senat hält es deshalb auch für sachlich gerechtfertigt, dass die **Sanktionstatbestände** nach § 31 Abs. 1 SGB II erst **bei vorsätzlichen Verstößen** gegen die Pflichten aus dem durch die Eingliederungsvereinbarung ausgestalteten Sozialrechtsverhältnis verhängen zu können, nicht aber, wenn ein nur fahrlässiges Verhalten vorliegt.
Dabei braucht die ... Weigerung nicht ausdrücklich erklärt worden zu sein. Der Hilfebedürftige muss aber durch sein Verhalten unmissverständlich zum Ausdruck gebracht haben, er wolle künftig nicht tun, wozu er ... verpflichtet ist. Ein solches Verhalten der Antragsgegnerin ist hier nicht ersichtlich. Denn selbst wenn sie den ihr **zur Last gelegten Diebstahl** tatsächlich begangen haben sollte, kann darin **nicht die konkludente Erklärung** gesehen werden, die **Ausbildung nicht fortsetzen zu wollen**. Gleiches gilt für eine verweigerte Mitwirkung an der Aufklärung des Vorfalls. Bei lebensnaher Betrachtung liegt vielmehr der Schluss nahe, dass die Antragstellerin auch bei unterstelltem Fehlverhalten gerade darauf vertraute, dieses werde unerkannt bzw. folgenlos bleiben. ... Ein Verstoß gegen eine sich aus der EV ergebenden Pflicht scheidet schon deshalb aus, weil in dieser mit der allgemeinen Formulierung, das Ausbildungsverhältnis zu absolvieren, eine Handlungspflicht nicht ausreichend konkret begründet worden ist."

LSG Sachsen, Beschluss vom 02.04.2008, L 2 B 141/08 AS ER:
„Eine Verletzung einer Pflicht im Sinne des § 31 Abs. 1 Nr. 1 lit. **b**) SGB II liegt ... nicht vor, weil sich aus der **Eingliederungsvereinbarung** im Hinblick auf die konkrete Bewerbung keine qualifizierten Pflichten ergeben... An einer klar und eindeutig in Bezug auf **Art, Umfang, Zeit und Ort** vereinbarten Pflicht im Hinblick auf eine Bewerbung um eine Stelle als Hauswirtschafterin im Rhein-Main-Gebiet fehlt es in der Eingliederungsvereinbarung...
Die Ast. hat ... auch keine Pflicht gem. § 31 Abs. 1 lit. **c**) SGB II verletzt. ... Es kann .. dahinstehen, ob bei konkreten Arbeitsangeboten ... für jedes einzelne Arbeitsplatzangebot eine gesonderte, wirksame Belehrung zu erfolgen hat... Der Sanktionsmechanismus des § 31 Abs. 1 Satz 1 Nr. 1 lit. c) SGB II

setzt voraus, dass dem Hilfebedürftigen eine **hinreichend bestimmt bezeichnete Arbeit** angeboten wird... Nur ein solches Angebot ermöglicht es dem Hilfebedürftigen zu prüfen, ob die angebotene Tätigkeit zumutbar ist oder zulässige Ablehnungsgründe vorliegen... Das Bestimmtheitsgebot erfordert insbesondere, dass die **Art der Tätigkeit**, ihr **zeitlicher Umfang**, die **zeitliche Verteilung** und die vorgesehene **Entlohnung** im Arbeitsangebot bezeichnet werden..."

LSG Berlin-Brandenburg, Beschluss vom 15.07.2008, L 14 B 568/08 AS ER:
„Entgegen der Auffassung des Sozialgerichts kommt es für die Frage, inwieweit die Weigerung, eine in einer **Eingliederungsvereinbarung** vereinbarte Maßnahme fortzuführen, eine Absenkung der Regelleistungen nach § 31 SGB II rechtfertigt, durchaus darauf an, ob die Maßnahme zumutbar war. Es kann dahinstehen, ob dem Wortlaut ... des § 31 Abs. 1 Satz 1 Nr. 1 Buchstabe c) SGB II eindeutig zu entnehmen ist, ob sich das Adjektiv "zumutbare" am Beginn der Aufzählung auch auf die "sonstigen Maßnahmen" bezieht. Entscheidend ist, dass auch wenn es nicht im Gesetz stünde – die **Teilnahme an unzumutbaren Maßnahmen nicht verlangt werden** kann. Soweit das Sozialgericht ... darauf verweist, dass es gegen Treu und Glauben verstoße, erst eine Eingliederungsvereinbarung mit einer vereinbarten Maßnahme zu unterschreiben und dann geltend zu machen, die Maßnahme sei unzumutbar, berücksichtigt es nicht genügend, dass die **Eingliederungsvereinbarung** ... zwar **formell als Vertrag ausgestaltet** ist, es sich **in der Sache** aber nicht um einen Vertrag handelt in dem Sinne, dass sich zwei gleichberechtigte Partner gegenüber stehen, sondern lediglich um eine **neue "moderne" Form hoheitlichen Verwaltungshandelns**...
Einem erwerbsfähigen Hilfebedürftigen ist die Teilnahme nur an solchen Maßnahmen zuzumuten, die geeignet sind, seine Eingliederung in das Erwerbsleben zu befördern. Die **Maßnahmen müssen Kenntnisse vermitteln, deren Erwerb für den Arbeitsuchenden in seiner konkreten Situation sinnvoll ist**... Eine Maßnahme, die sich darin erschöpft, den Anschein dafür aufrechtzuerhalten, dass Kenntnisse vermittelt werden, ist offensichtlich nicht zumutbar. Sie darf vom Arbeitsuchenden ohne Eintritt von Sanktionen abgebrochen werden. Auf die Frage, ob der Antragsteller einen wichtigen Grund im Sinne des § 31 Abs. 1 Satz 2 SGB II für den Abbruch der Maßnahme hatte, weil er sich vorrangig um seine selbständige Erwerbstätigkeit kümmern wollte, kommt es deswegen nicht an."

LSG Nordrhein-Westfalen, Beschluss vom 26.09.2008, L 19 B 142/08 AS ER:
„**Gekürzt werden darf nur der individuell zustehende Leistungsanteil**, was bei Anrechenbarkeit eigener Einkünfte oder bei anrechenbaren Einkünften anderer Mitglieder einer Bedarfsgemeinschaft zur Folge hat, dass nur in den Leistungsanteil eingegriffen werden darf, der dem zu Sanktionierenden nach **§ 9 Abs. 2 S. 3 SGB II** zusteht...

Bedürftigkeit im Sinne von § 9 Abs. 2 S. 3 SGB II ist zu prüfen bzw. der Leistungsanspruch des einzelnen Bedarfsgemeinschaftsmitgliedes zu ermitteln, indem zunächst die Summe aller Einzelbedarfe dem Gesamteinkommen der Bedarfsgemeinschaft gegenüber gestellt werden. Der danach nicht durch Einkommen gedeckte Gesamtbedarf wird im Verhältnis des jeweiligen Einzelbedarfes zum Gesamtbedarf auf die Mitglieder der Bedarfsgemeinschaft aufgeteilt. Dabei erfolgt die **Aufteilung** nicht nach dem Anteil des eigenen ungedeckten Bedarfs am insgesamt ungedeckten Bedarf, sondern **nach dem Anteil des eigenen Bedarfs am Gesamtbedarf**, unabhängig davon, in welchem Maße der eigene oder der Gesamtbedarf durch Einkommen gedeckt ist..."

LSG Berlin-Brandenburg, Urteil vom 16.10.2008, L 5 AS 449/08:
„Der Kläger ... hat sich .. geweigert, eine Arbeit anzunehmen. "**Sich weigern**" bedeutet im Rahmen des Sanktionstatbestandes die **vorsätzliche Nichtaufnahme einer angebotenen Arbeit**... Zwar hat der Kläger ... vorgetragen, den Vermittlungsvorschlag "leider in seinen Bewerbungsunterlagen abgelegt und dann übersehen" zu haben. Angesichts des Umstandes, dass er ihn nur kurze Zeit zuvor ... im Rahmen eines ausführlichen Beratungsgesprächs zusammen mit nur einem anderen Vorschlag persönlich ausgehändigt bekommen hat und er sich auch auf die zweite Stelle zunächst nicht beworben hat, ist dieser Vortrag indes nicht glaubhaft. Vielmehr spricht alles dafür, dass er sich auf die Stellen bewusst nicht beworben hat. ...
Gemäß § 10 Abs. 1 SGB II ist dem Hilfebedürftigen grundsätzlich jede Arbeit zumutbar. Gemäß Abs. 2 Nr. 1 SGB II ist eine Arbeit nicht schon allein deshalb unzumutbar, weil sie nicht einer früheren beruflichen Tätigkeit des Hilfebedürftigen entspricht. **Der Umstand, dass der Kläger** eigenen Angaben nach **bisher noch nicht als "Erzieher" gearbeitet hat, ist** mithin **unbeachtlich**. ...
Unklarheiten, die sich aus der Verweigerung einer Kontaktaufnahme ergeben, gehen insoweit zu Lasten des Klägers. Stellt ein Arbeitsangebot nicht von vornherein offensichtlich eine **Gefährdung der Kindererziehung** *dar, kann dessen Unzumutbarkeit* **nur** *dann angenommen werden,* **wenn** *hierfür* **konkrete Anhaltspunkte** *vorliegen. Angesichts der je nach Arbeitsplatz unterschiedlichen Gestaltungsmöglichkeiten und der höchst individuellen Betreuungssituation des jeweiligen Hilfebedürftigen, setzt dies regelmäßig eine* **Kontaktaufnahme mit dem Arbeitgeber** *voraus. ...*
Der Umstand, dass der Kläger allem Anschein nach im August 2006 eine Tätigkeit mit Mehraufwandsentschädigung aufgenommen hat, lässt die eingetretene Sanktion im Übrigen nicht entfallen. Späteres "**Wohlverhalten**" kann am Eintritt einer einmal verfügten Leistungsabsenkung nichts mehr ändern (Argument aus § 31 Abs. 3 Satz 5...)."
Aufgehoben und zurückverwiesen durch BSG, Urteil vom 15.12.2010, B 14 AS 92/09 R

LSG Hessen, Beschluss vom 17.10.2008, L 7 AS 251/08 B ER:
„Die ... **Eingliederungsvereinbarung** ist ... **nichtig**, weil sie der nach § 56 SGB X gesetzlich vorgeschriebenen **Schriftform** des Rechtsgeschäfts nicht genügt und ein Verstoß gegen eine gesetzliche Formvorschrift nach § 125 Satz 1 BGB zur Nichtigkeit des Vertrags führt. ...
Entgegen der Ansicht des Antragsgegners wurde durch ihn mit Übergabe des Entwurfs der Eingliederungsvereinbarung an den Antragsteller am 1. Februar 2008 kein wirksames Angebot unterbreitet. Es fehlte insoweit an der **Unterschrift eines Behördenmitarbeiters** als Vertreter. ... Mit Übergabe des von ihm unterschriebenen Entwurfs der Eingliederungsvereinbarung an die Mitarbeiterin der Gemeindeverwaltung A. hat vielmehr der Antragsteller dem Antragsgegner ein Vertragsangebot unterbreitet, welches mit Zugang bei diesem am 5. Februar 2008 wirksam wurde (§ 130 Abs. 1 Satz 1 BGB).
Eine formwirksame Annahme dieses Angebots ist durch den Antragsgegner nicht erfolgt. Zwar hat die für den Antragsteller zuständige Sachbearbeiterin des Antragsgegners die Eingliederungsvereinbarung (noch) unterschrieben. Eine kraft Gesetzes formbedürftige Willenserklärung muss dem Empfänger jedoch auch in der vorgeschriebenen Form, zudem im Original, zugehen...
Bei zweifelhafter Erwerbsfähigkeit kommt eine Eingliederungsvereinbarung daher gar **nicht** erst **in Betracht**. Insbesondere kann die Frage, ob diese gegeben ist, nicht Gegenstand einer Eingliederungsvereinbarung sein. ... Der Abschluss einer Eingliederungsvereinbarung mit einem Hilfebedürftigen mit fraglicher Erwerbsfähigkeit verstößt gegen den elementaren Leistungsgrundsatz des § 7 Abs. 1 Satz 1 Nr. 2 SGB II und ist daher gem. § 58 SGB X i. V. m. § 134 BGB nichtig..."

SG Gießen, Beschluss vom 15.12.2008, S 27 AS 1387/08 ER:
„Der Antragsteller hat ... erhebliche Kritik an dieser Maßnahme geäußert. Eine derartige Kritik, wenn sie nicht mit beleidigenden Inhalten erfolgt, ist erlaubt und muss auch im Interesse der Antragsgegnerin liegen, die ja sicherlich wissen will, wie wirksam die von ihr angebotenen Maßnahmen sind. ...
Es kann letztlich aber auch dahinstehen, ob ein maßnahmewidriges Verhalten des Antragstellers vorlag. Selbst wenn dies der Fall gewesen sein sollte, erfüllt dies nicht ohne Weiteres den Tatbestand "**Anlass für den Abbruch**" einer Maßnahme nach § 31 Abs. 1 Satz 1 Nr. 2 SGB II. Hinzukommen muss bei diesem Tatbestand vielmehr ein **subjektiv vorwerfbares Verhalten** an der Vorhersehbarkeit des sich daraus ergebenden Ausschlusses aus der Maßnahme... Der **Ausschluss** aus der Maßnahme ist für einen Teilnehmer nur **vorhersehbar**, wenn der Maßnahmeträger zuvor eindeutig darauf hingewiesen hat, dass ein bestimmtes Verhalten den Maßnahmeausschluss zur Folge hat. Eine solche **Abmahnung** ist hier aber weder in der Leistungsakte noch in der Fallmanagerakte dokumentiert. ...
Sollten bei diesem Gespräch schwere Beleidigungen vorgekommen sein, wäre zwar ausnahmsweise eine Abmahnung entbehrlich. Das Vorbringen der Antragsgegnerin ist hier aber viel zu unsubstantiiert, um hieraus den Schluss zu ziehen, eine vorherige Abmahnung sei nicht erforderlich gewesen. Zwar

können auch ein bekundetes Desinteresse des Arbeitslosen an einer Maßnahme und auch Nachlässigkeiten im Fachlichen oder Sozialverhalten, die einen Nutzen der Maßnahme für andere Teilnehmer gefährden, durchaus eine Sanktion auslösen. Ob ein solcher Fall vorliegt oder möglicherweise nur eine punktuelle Verstimmtheit bzw. eine fachliche Unterforderung, die eine evtl. gegebene Minderqualifikation der Eingliederungsmaßnahme widerspiegelt, lässt sich jedoch nur im jeweiligen Einzelfall rekonstruieren. Angesichts der naheliegenden Abgrenzungsschwierigkeiten sollte der zuständige Leistungsträger die Anwendung des Sanktionstatbestandes in einem solchen Fall daher auf **äußerst dichte Ermittlungsergebnisse** stützen können..."

BSG, Urteil vom 16.12.2008, B 4 AS 60/07 R:
„Hingegen bestehen in einem Fall wie dem vorliegenden - der Kläger hatte ... vier Jahre keine Berufstätigkeit mehr ausgeübt - keine grundsätzlichen Bedenken dagegen, die **Arbeitsgewöhnung und -erprobung** im Rahmen einer Arbeitsgelegenheit in einem zeitlichen Umfang durchzuführen, der einer Vollzeittätigkeit nahekommt. Dies gilt insbesondere dann, wenn der beabsichtigte Zeitraum der Tätigkeit in der Arbeitsgelegenheit lediglich ca. ein Vierteljahr beträgt. ...
Vor diesem Hintergrund kann der Senat dahingestellt lassen, ob es sich bei dem Merkmal der **Zusätzlichkeit** überhaupt um eine Voraussetzung handelt, der im Verhältnis zu den Teilnehmern an einer Maßnahme nach § 16 Abs. 3 Satz 2 SGB II **drittschützender Charakte**r zukommt. Zweifel daran, dass eine Prüfung dieses Merkmals auch von erwerbsfähigen Hilfebedürftigen, die sich gegen die Absenkung ihres Leistungsanspruchs zur Wehr setzen, verlangt werden kann, sind jedenfalls unter dem Gesichtspunkt angebracht, als die Zielrichtung des Merkmals der Zusätzlichkeit eher auf den **Schutz von Konkurrenten** ausgerichtet sein dürfte. ... Hierbei kann im vorliegenden Zusammenhang die umstrittene Frage ... unentschieden bleiben, ob es sich bei dem Angebot einer Arbeitsgelegenheit um einen **Verwaltungsakt** handelt. ... Das BVerwG hatte als Anforderungen an die Bezeichnung von Arbeitsgelegenheiten formuliert, es müsse die **Art der Arbeit**, ihr **zeitlicher Umfang** und ihre **zeitliche Verteilung** sowie die **Höhe der angemessenen Entschädigung** für Mehraufwendungen im Einzelnen bestimmt sein... Das BSG hat zu dem in § 144 Abs. 1 Satz 2 Nr. 4 SGB III (Sperrzeit wegen Ablehnung einer beruflichen Eingliederungsmaßnahme) geregelten Sperrzeittatbestand darüber hinaus entschieden, dass dem Arbeitslosen verbindlich bezeichnet werden muss, **welche Leistungen ihm** bei der Teilnahme an der Maßnahme dem Grunde nach **zustehen**..."

LSG Nordrhein-Westfalen, Beschluss vom 12.01.2009, L 20 B 135/08 AS:
„In der sozialgerichtlichen Rechtsprechung ist zunächst bisher **nicht** hinreichend **geklärt**, welche **Anforderungen** an die **subjektive Vorwerfbarkeit** ... der einzelnen sanktionierenden Tatbestände des § 31 SGB II im Allgemeinen und eines Meldeverstoßes im Sinne des § 31 Abs. 2 1. Alternative SGB II zu

stellen sind. In der einschlägigen Kommentarliteratur wird insoweit etwa vertreten, die Sanktionstatbestände des § 31 SGB II seien grundsätzlich nur vorsätzlich begehbar..."

LSG Hamburg, Urteil vom 16.07.2009, L 5 AS 20/07:
„Zu Recht zwar hat das Sozialgericht ausgeführt, dass in der vorliegenden Konstellation, in der der Kläger eine **selbst gesuchte Beschäftigung während des Bezugs von Leistungen** nach dem SGB II gekündigt hat, die Sanktion allenfalls auf § 31 Abs. 4 Nr. 3 lit. b SGB II, **nicht** aber auf **§ 31 Abs. 1 Satz 1 Nr. 1 lit. c** SGB II gestützt werden könne. ... Entgegen der im Urteil des Sozialgerichts vertretenen Auffassung hält der Senat jedoch die Vorschrift des § 31 Abs. 4 Nr. 3 lit. b SGB II in der vorliegenden Konstellation für **anwendbar**.
Nach § 31 Abs. 4 Nr. 3 lit. b SGB II gelten § 31 Abs. 1 bis 3 SGB II entsprechend bei einem erwerbsfähigen Hilfebedürftigen, der die im SGB III genannten Voraussetzungen für den Eintritt einer Sperrzeit erfüllt, die das Ruhen oder Erlöschen eines Anspruchs auf Arbeitslosengeld begründen. Damit ist Bezug genommen unter anderem auf § 144 Abs. 1 Satz 2 Nr. 1 SGB III, demzufolge eine Sperrzeit bei Arbeitsaufgabe eintritt, wenn der Arbeitslose das Beschäftigungsverhältnis gelöst und dadurch vorsätzlich oder grob fahrlässig die Arbeitslosigkeit herbeigeführt hat; eine vorherige Rechtsfolgenbelehrung ist für den Eintritt dieser Sperrzeit nicht erforderlich. ... Arbeitnehmer wissen, dass sie einen Arbeitsplatz nicht ohne wichtigen Grund ohne leistungsrechtliche Konsequenzen aufgeben dürfen. Diese Erwartung darf ... auch gegenüber den erwerbsfähigen Hilfebedürftigen nach dem SGB II formuliert werden, die während des Leistungsbezugs nach dem SGB II eine selbst gesuchte Beschäftigung aufnehmen, ohne aus dem Leistungsbezug auszuscheiden...
Ist aber ... eine **Rechtsfolgenbelehrung** mit Blick auf die Aufnahme einer selbst gesuchten Beschäftigung **nicht zuvor erteilt** worden, sei es, weil der Leistungsträger sich hierzu nicht veranlasst gesehen hat, sei es, weil die Beschäftigungsaufnahme schon nicht mitgeteilt worden war, scheidet mangels Rechtsfolgenbelehrung der Rückgriff auf § 31 Abs. 1 Satz 1 Nr. 1 lit. c SGB II aus und folgt die gesetzliche Ermächtigung zur Leistungsabsenkung allein aus § 31 Abs. 4 Nr. 3 lit. b SGB II, der insoweit dem § 31 SGB II eine weitere Sanktionsnorm hinzufügt."

LSG Nordrhein-Westfalen, Beschluss vom 09.09.2009, L 7 B 211/09 AS ER:
„Der Senat hatte nicht zu entscheiden, ob die Sanktionstatbestände des § 31 Abs. 1 Satz 1 SGB II als ungeschriebenes Tatbestandsmerkmal die subjektive Vorwerfbarkeit voraussetzen... Denn hier dürfte sich das **Erfordernis vorsätzlichen Handelns** bereits **aus dem Wort "weigert"** in § 31 Abs. 1 Satz 1 Nr. 1 SGB II ergeben ..., weil eine bloß **fahrlässige Nichterfüllung** von Mitwirkungsobliegenheiten regelmäßig **keine "Verweigerungshaltung"** ... zum Ausdruck bringen dürfte.

Bei der Klärung, ob sich der Antragsteller "weigerte", seinen Mitwirkungsobliegenheiten nachzukommen, sind sämtliche Umstände des konkreten Falles in den Blick zu nehmen und zu würdigen. Dies gilt auch für den Umstand, dass der Antragsteller unter Betreuung steht. Allerdings rechtfertigt die Betreuung … nicht die generelle Aussage, dass "der Antragsteller tatsächlich für den Umgang mit Behörden nicht geeignet ist" und "ihm ein Fehlverhalten subjektiv nicht vorgeworfen werden kann". Denn aus der **Betreuung** folgt **kein "Freibrief"** in dem Sinne, dass der Betreute bei Nichterfüllung seiner Mitwirkungsobliegenheiten von vornherein nicht … sanktioniert werden könnte."

LSG Nordrhein-Westfalen, Urteil vom 21.10.2009, L 12 AS 12/09:
„Die **Eingliederungsvereinbarung** … ist … als subordinationsrechtlicher öffentlich rechtlicher Vertrag ausgestaltet… Für sie gelten … § 15 SGB II und … bezüglich der Sanktionierung von Verstößen … § 31 SGB II. Die vom Kläger geäußerten grundsätzlichen **verfassungsrechtlichen Bedenken** gegen diese Regelung, die er aus Artikel 20 Abs. 3 GG ableitet, **teilt der Senat nicht**. … Grundsätzlich besteht für den Grundsicherungsempfänger gegen belastende Regelungen in einer Eingliederungsvereinbarung die Möglichkeit, z.B. eine einfache **Feststellungsklage** gemäß § 55 SGG zu erheben… Soweit im Beschluss vom 11.03.2009 die Berufung … zugelassen worden ist, hält der Senat die dort vertretene Auffassung, dass die Pflicht zum Abschluss einer Eingliederungsvereinbarung einen Verstoß gegen die durch Artikel 2 GG geschützte Privatautonomie beinhaltet, … nicht aufrecht."

BSG, Urteil vom 17.12.2009, B 4 AS 20/09 R:
„Treten Leistungsempfänger eine **Trainingsmaßnahme** nicht an, ohne dass mit ihnen zuvor eine **Eingliederungsvereinbarung** geschlossen oder ihnen gegenüber ein die Eingliederungsvereinbarung ersetzender Verwaltungsakt erlassen worden ist, kann dieses Verhalten nicht mit der Absenkung der Regelleistung sanktioniert werden. § 31 Abs. 1 Satz 1 Nr. 1 lit. c SGB II setzt ausdrücklich eine Eingliederungsvereinbarung voraus. § 31 Abs. 4 Nr. 3 lit. b SGB II bezieht zwar seinem Wortlaut nach sämtliche **Sperrzeittatbestände** des Arbeitslosenversicherungsrechts ein; **auszuklammern** sind jedoch bei systematischer und teleologischer Betrachtung diejenigen Sperrzeittatbestände, **die sinngemäß bereits von § 31 Abs. 1 SGB II erfasst werden**."
Zitiert nach dem Bericht über die „Tätigkeit des Bundessozialgerichts im Jahr 2009"

BSG, Urteil vom 22.03.2010, B 4 AS 68/09 R:
„Eine **Weigerung**, eine Arbeit fortzuführen, liegt nur vor, wenn der erwerbsfähige Hilfebedürftige **selbst kündigt**, einen Aufhebungsvertrag schließt oder die abhängige oder selbständige Tätigkeit einfach aufgibt. … Die hier vorliegende **Arbeitgeberkündigung** kann aber nach **§ 31 Abs. 4 Nr. 3 Buchst. b SGB II** einen Kürzungstatbestand begründen, weil diese Regelung auf die

vorliegende Konstellation anwendbar ist. ... Im Unterschied zu § 31 Abs. 1 Satz 1 Nr. 1 Buchst. c SGB II erfordert § 31 Abs. 4 Nr. 3 Buchst. b SGB II für den Eintritt der Sperrzeit **keine vorherige Rechtsfolgenbelehrung**. Das Verhältnis von § 31 Abs. 1 SGB II und § 31 Abs. 4 Nr. 3 SGB II ist ... nicht so zu verstehen, dass § 31 Abs. 4 Nr. 3 SGB II im Sinne einer speziellen Gesamtregelung nur für pflichtwidrige Handlungen Anwendung finden kann, die zeitlich vor einer Antragstellung oder dem Beginn des Leistungsbezugs ... liegen. ... Die Heranziehung des § 31 Abs. 4 Nr. 3 Buchst. b SGB II setzt allerdings ... voraus, dass das von dem Hilfebedürftigen abverlangte Verhalten nicht bereits von § 31 Abs. 1 SGB II erfasst ist und das sperrzeitrelevante Ereignis zu einem Zeitpunkt eintritt, in dem eine **Beziehung des Hilfebedürftigen zum Rechtskreis des SGB III** vorliegt...
Vor diesem Hintergrund will § 31 Abs. 4 Nr. 3 Buchst. a SGB II - wie zuvor § 25 Abs. 2 Nr. 3 Buchst. a BSHG - sicherstellen, dass der Ruhens- oder Erlöschenstatbestand wegen einer im Geltungsbereich des SGB III eingetretenen Sperrzeit nicht folgenlos bleibt, wenn zwischenzeitlich ein Anspruch auf Alg II dem Grunde nach entstanden ist... ...das LSG ... wird neben der Frage, ob ein arbeitsvertragswidriges Verhalten vorliegt, u. a. zu prüfen haben, ob ein solches Verhalten dem Kläger **subjektiv vorwerfbar** ist und die auf ein arbeitsvertragswidriges Verhalten zurückzuführende **Lösung des Beschäftigungsverhältnisses** für ihn **vorhersehbar** war. Dies kann regelmäßig nur bei **vorheriger Abmahnung** bejaht werden..."

<u>BSG, Urteil vom 15.12.2010, B 14 AS 92/09 R:</u>
„Es bestehen ... zunächst keine rechtlichen Zweifel daran, dass der Kläger sich geweigert hat, eine Arbeit anzunehmen. **Weigern** in diesem Sinne bedeutet regelmäßig die vorsätzliche, ausdrückliche oder stillschweigende, schriftlich, mündlich oder in anderer Weise dem Leistungsträger oder dem Arbeitgeber zum Ausdruck gebrachte **fehlende Bereitschaft, sich an die durch das Gesetz auferlegte Pflicht zu halten**. Die Aufnahme einer Tätigkeit kann mithin auch durch konkludentes Verhalten verweigert werden...
Das LSG wird allerdings ... nochmals darüber zu entscheiden haben, ob die Arbeit dem Kläger tatsächlich **zumutbar** i. S. des § 10 SGB II i. V. m. § 31 Abs. 1 Satz 1 Nr. 1c SGB II war. Nach § 10 Abs. 1 Satz 1 Nr. 3 SGB II ist die Ausübung der Arbeit auch dann zumutbar, wenn die **Erziehung eines unter dreijährigen Kindes** nicht gefährdet ist. ... Maßgeblich ist insofern ausschließlich die **objektive Betreuungssituation**, die von Amts wegen zu ermitteln ist (§ 20 SGB X i. V. m. § 103 SGG). ... Soweit der Kläger darüber hinaus im Rahmen der Zumutbarkeit vorgetragen hat, eine Arbeitsstelle als **Erzieher** sei ihm als **vormaligem Fernsehredakteur** generell unzumutbar, verkennt er die Tragweite des § 10 Abs. 1 Satz 1 SGB II, wonach dem erwerbsfähigen Hilfebedürftigen grundsätzlich **jede Arbeit zumutbar** ist."

LSG Nordrhein-Westfalen, Beschluss vom 05.12.2011, L 19 AS 1870/11 B ER und 1871/11:
„…eine **unangemessene Bewerbung** … ist einer **Nichtbewerbung gleichzusetzen**. Eine solche Gleichsetzung ist gerechtfertigt, wenn ein Bewerbungsschreiben allein wegen seines objektiven Inhalts bzw. seiner Form so abschreckend oder widersprüchlich ist, dass der Bewerber … aus der Auswahl für den Arbeitgeber ausscheidet… Mit einer Bewerbung soll ein Leistungsberechtigter sein Interesse an der Aufnahme eines Arbeitsverhältnisses zum Ausdruck bringen. Dies gilt … auch dann, wenn es sich bei der Bewerbung um die bloße Befolgung eines Vermittlungsvorschlags … handelt. … Der Antragsteller hat .. seine **Obliegenheiten** durch das **Abfassen und Absenden seines Bewerbungsschreibens** verletzt. Der Arbeitgeber musste allein aufgrund des objektiven Inhalts und der Form davon ausgehen, dass der Antragsteller an der Aufnahme der angebotenen Beschäftigung nicht interessiert ist. Dies ergibt sich schon daraus, dass der Antragsteller weder die vom Arbeitgeber geforderte Form - schriftlich - beachtet noch die geforderten Unterlagen - vollständige Bewerbungsunterlagen (Lebenslauf u. Zeugnisse) - mitübersandt hat. Insoweit ist nicht ersichtlich, aus welchem Grund der Antragsteller nicht in der Lage gewesen sein sollte, zumindest einen Lebenslauf seiner E-Mail als Datei beizufügen. Vor allem aber die Gestaltung der E-Mail - Schriftbild und Text - wie auch ihr Inhalt - Hinweis auf mangelnde Flexibilität wegen der Teilnahme an einem Fernlehrgang bei der Bewerbung um eine geringfügige Beschäftigung, also einer Teilzeittätigkeit - lässt sich nur als mangelndes Interesse … an der Arbeitsstelle deuten."

SG Wiesbaden, Urteil vom 28.02.2013, S 12 AS 484/10:
„Eine erwerbsfähige leistungsberechtigte Person muss aktiv an allen Maßnahmen zu ihrer Eingliederung in Arbeit mitwirken… Unabdingbare Voraussetzung für eine dauerhafte Eingliederung in Arbeit ist **die Beherrschung der deutschen Sprache in Wort und Schrift**. Diese Voraussetzung liegt bei der Klägerin jedoch unstreitig nicht vor. … Damit ist die vorgesehene Eingliederungsmaßnahme (Besuch eines **Integrationssprachkurs**es) als rechtmäßig im Sinne der Umsetzung der Ziele des SGB II anzusehen. … Die Klägerin kann auch nicht mit dem Argument gehört werden, dass sie bei einer Teilnahme an dem Integrationssprachkurs nicht mehr genügend Zeit für ihre Familie gehabt hätte. … die Kinder der Klägerin *(sind)* damals (im Jahre 2010) 18, 16, 11 und 6 Jahre alt gewesen sind. Einer zeitweisen **Betreuung** hätten nur die drei **minderjährigen Kinder** bedurft. Diese Betreuung hätte jedoch … ohne weiteres vom Ehemann der Klägerin, Herrn A., wahrgenommen werden können. Es ist auch nicht ersichtlich, dass Herr A. aus gesundheitlichen Gründen nicht in der Lage gewesen wäre, seiner Betreuungspflicht nachzukommen. Zwar hat er ein ärztliches Attest … vorgelegt…, dass Herr A. aufgrund seelischer Probleme nicht in der Lage sei, ganztägig auf seine Kinder aufzupassen. …es *(handelt)* sich … jedoch um ein reines Gefälligkeitsattest, dem keine Bedeutung beizumessen ist. Im Übrigen geht es auch … nur darum,

eine stundenweise Betreuung für die Zeit der Abwesenheit der Mutter zu übernehmen."

LSG Hessen, Beschluss vom 16.01.2014, L 9 AS 846/13 B ER:
„Der Eingliederungsverwaltungsakt wird den ... Anforderungen nicht gerecht. Die Regelung unter Nr. 1 des Bescheides ..., wonach die Übernahme von **Bewerbungskosten** eine **vorherige Antragstellung** voraussetzt, ist nicht eindeutig und damit **nicht hinreichend bestimmt**... *(es)* ist unklar, zu welchem **Zeitpunkt** ein Antrag ... spätestens gestellt werden muss. Die weitere Regelung unter Nr. 1 ..., wonach die Erstattung von Reisekosten für Vorstellungstermine davon abhängig gemacht wird, dass der Antragsteller den Antragsgegner vorher über den Vorstellungstermin informiert, spricht jedenfalls nicht dafür, dass die Übernahme von Bewerbungskosten lediglich von der Stellung eines Antrages abhängig gemacht werden soll. ... Auch die unter Nr. 2 des Eingliederungsverwaltungsaktes getroffenen Bestimmungen unterliegen erheblichen Bedenken. ... Die Frage der **Zumutbarkeit einer bestimmten Tätigkeit** betrifft den Einzelfall und kann nicht Regelungsgegenstand eines Eingliederungsverwaltungsaktes sein. Bedenken unterliegt aber bereits die Verpflichtung des Antragstellers, sich innerhalb von drei Tagen auf alle Stellenangebote ... zu bewerben. Diese Regelung lässt nicht erkennen, in welchem Umfang ... Bewerbungsbemühungen verlangt werden. Sie enthält nicht einmal eine Obergrenze der erwarteten Bemühungen. Die ... festgelegten Pflichten müssen aber hinreichend bestimmt sein. Es muss dem Leistungsberechtigten ... klar erkennbar und nachvollziehbar sein, was von ihm gefordert wird... Diesen Anforderungen genügt die genannte Regelung ebenso wenig wie die weitere Regelung, wonach der Antragsteller Arbeitgebern eine **kostenlose Probearbeit** mit dem Ziel der Festeinstellung anbietet bzw. eine Praktikumsstelle (betriebliche Trainingsmaßnahme) annimmt... Insoweit ist schon fraglich, ob ... das Anbieten einer kostenlosen Probearbeit oder die Aufnahme einer Praktikumsstelle verlangt werden kann. Ungeachtet dieser Frage lässt aber auch diese Bestimmung in keiner Weise erkennen, welches konkrete Handeln und in welchem Umfang ... gefordert wird. Es fehlt daher schon an der hinreichenden Bestimmtheit der ... auferlegten Pflichten."

LSG Bayern, Urteil vom 06.02.2014, L 11 AS 535/12:
„Nach § 31 Abs. 1 Satz 1 Nr. 2 SGB II ... wird das Alg II ... abgesenkt, wenn der erwerbsfähige Hilfebedürftige sich trotz Belehrung über die Rechtsfolgen u.a. weigert, eine zumutbare Arbeit aufzunehmen. ... Ein vorwerfbares Fehlverhalten bezieht sich auf die Aufnahme einer Tätigkeit, worin sämtliches Verhalten bis zu dem eine Tätigkeit etwa durch Abschluss eines Arbeitsvertrages verfestigt wird, mithin auch vorbereitende Handlungen wie etwa im Hinblick auf Bewerbungen und Vorstellungsgespräche... Unstreitig hat sich der Kläger am 15.09.2010 schriftlich bei C. **beworben** und am 22.09.2010 dort ein **Vorstellungsgespräch**. Seiner Verpflichtung zur Bewerbung und Vorsprache ist

er damit nachgekommen. Eine Obliegenheit, sich schon am 14.09.2010 persönlich bei C. vorzustellen, bestand nicht. ... Zwar mag es sein, dass im Bereich der Zeitarbeit eine zeitnahe Bewerbung vorteilhaft und teilweise erforderlich ist. Ob dies in Bezug auf die konkrete Stelle der Fall gewesen ist, lässt sich nicht mehr nachvollziehen. ... Eine Weigerung des Klägers, die Arbeit bei C. aufzunehmen, liegt damit nicht vor. **Er hat sich "unverzüglich" schriftlich bei C. beworben.** Eine Leistungsabsenkung ... scheidet folglich aus."

SG Köln, Beschluss vom 11.04.2014, S 30 AS 1154/14 ER:
„Die ... Eigenbemühungen sind zumutbar. ... *(und)* auch hinsichtlich Art, Umfang und Nachweis hinreichend konkretisiert. ... Die Kammer hält es **nicht** für **erforderlich**, dass eine nähere **Konkretisierung** des Inhalts **der Bewerbungsschreiben** in einer Eingliederungsvereinbarung aufzunehmen ist. ... Der Antragsteller ist der Verpflichtung zum Nachweis von mindestens sechs Bewerbungsbemühungen im November 2013 ... anlässlich der persönlichen Vorsprache ... nicht nachgekommen. Dies folgt .. bereits daraus, dass der Antragsteller ... die **Bewerbungsschreiben in großen Teilen geschwärz**t hat, so dass der Antragsgegner nicht prüfen konnte, ob es sich um Bewerbungen handelt, die auf die Aufnahme einer beruflichen Tätigkeit abzielen. Für diese Prüfung ist ... die Kenntnis des Antragsgegners sowohl im Hinblick auf den Adressat der Bewerbung als auch bezüglich des Inhalts der Bewerbung erforderlich... Entgegen der Rechtsauffassung des Antragstellers ergibt sich die **Verpflichtung**, die **Bewerbungsschreiben in ihrem kompletten Wortlaut offen zu legen**, unter verständiger Würdigung der Bestimmungen im Eingliederungsverwaltungsakt. ... Der Antragsteller kann auch nicht damit gehört werden, dass diese Pflicht mit seinem ... Recht auf informationelle Selbstbestimmung nicht zu vereinbaren sei. ... Die Pflicht ... sich um die Aufnahme einer Erwerbstätigkeit zu bemühen, dient Gemeinwohlbelangen von erheblicher Bedeutung. Der Grundsicherungsempfänger beantragt staatliche Fürsorgeleistungen, die ihm ohne jede Gegenleistung ... nur auf Grund seiner Hilfebedürftigkeit gewährt werden. Dem Staat ... muss es daher erlaubt sein, die Gewährung staatlicher Fürsorge an den Nachweis ... bestimmter Eigenbemühungen zu knüpfen. Diesem Schutzzweck auf Seiten der Allgemeinheit steht ein vergleichsweise geringer Eingriff gegenüber. ... Die Voraussetzungen des Sanktionstatbestands sind erfüllt, da die vom Antragsteller vorgelegten Bewerbungen, nicht die Anforderungen erfüllen, die an eine auf eine Arbeitsaufnahme ausgerichtete Bewerbung zu stellen sind. ... Nicht maßgeblich ist insoweit, dass der Antragsteller auf der Grundlage seiner Bewerbungen Einladungen zu zwei Bewerbungsgesprächen erhielt."

SG Berlin, Urteil vom 09.07.2014, S 205 AS 30970/13:
„Die Rechtswidrigkeit des **Eingliederungsverwaltungsaktes** ist entgegen einer verbreiteten Ansicht **nicht inzident im Rahmen der Sanktion zu überprüfen**... § 31 Abs. 1 Satz 1 Nr. 1 SGB II selbst schreibt keine Inzidentprüfung

vor. ... Gegen eine Inzidentprüfung spricht ferner ..., dass Rechtsbehelfe gegen einen Eingliederungsverwaltungsakt keine aufschiebende Wirkung entfalten... Nach *(§ 77 SGG)* ... ist ein Verwaltungsakt für die Beteiligten bindend, wenn der ... Rechtsbehelf nicht oder erfolglos eingelegt wird. ... Ein Widerspruch gegen einen Minderungsbescheid beinhaltet nicht stets einen Antrag auf Überprüfung des zugrunde liegenden Eingliederungsverwaltungsakts. Grundsätzlich kann ein solcher konkludenter Überprüfungsantrag allenfalls dann angenommen werden, wenn der Widerspruchsführer ... erkennen lässt, dass er den Eingliederungsverwaltungsakt für rechtswidrig hält... Bei ... anwaltlich vertretenen Widerspruchsführern sieht die Kammer keinen Anlass für eine solche "Auslegung im Wege der Meistbegünstigung", da bei Anwälten davon auszugehen ist, dass die von ihnen erhobenen Rechtsbehelfe das Gewollte richtig wiedergeben... Aber selbst wenn es einen solchen Überprüfungsantrag gäbe, ändert dessen schlichte Existenz nichts an der Bestandskraft des Eingliederungsverwaltungsaktes und würde nicht zu einer inzidenten Rechtmäßigkeitskontrolle ermächtigen. Im Rahmen des Zugunstenverfahrens nach § 44 SGB X ist allein die zuständige Behörde und nicht das Gericht berechtigt, den Ursprungsbescheid unter Durchbrechung der Bestandskraft zurückzunehmen..."

SG Leipzig, Urteil vom 24.03.2016, S 17 AS 4244/12:
„Die Arbeit war ihr auch **zumutbar**; die Klägerin hatte keinen wichtigen Grund ... für ihr Verhalten: Das grundsätzliche Verbot der **Sonntagsarbeit** nach § 9 Abs. 1 ArbZG gilt gemäß § 10 Abs. 1 Nr. 4 und 7 ArbZG nicht für Bewirtungs- sowie Freizeit-, Erholungs- und Vergnügungseinrichtungen... Zwar gilt auch bei Vorliegen einer derartigen Ausnahme § 11 Abs. 1 ArbZG. Danach müssen mindestens 15 Sonntage im Jahr beschäftigungsfrei bleiben. Diese Vorschrift wäre vom Eissportverein A ... voraussichtlich eingehalten worden. ... Bei 15 arbeitsfreien Sonntagen pro Jahr, die teilweise auch im Urlaub liegen dürfen..., ist demnach Sonntagsarbeit an ... 37 Sonntagen pro Jahr zulässig. ...für befristete Arbeitsverhältnisse *(gelten)* .. keine Besonderheiten. ... Andernfalls hätten insbesondere Betriebe der Touristikbranche ... größte Schwierigkeiten, ihren Betrieb sonntags am Laufen zu halten. Dies kann der Gesetzgeber nicht gewollt haben... Nach Ende des Arbeitsverhältnisses wären mindestens 13 Sonntage für die Klägerin arbeitsfrei gewesen. Im Falle eines Folgearbeitsverhältnisses mit Beginn in den ersten 13 Wochen nach Ende des Arbeitsverhältnisses ... hätte der neue Arbeitgeber die Klägerin sonntags noch so oft von der Arbeit freistellen müssen, dass diese Anzahl freier Sonntage erreicht wird. ... Medizinische Gründe, aus denen die Klägerin nicht mit Schutzkleidung bei einer Temperatur von 7° C hätte arbeiten können bzw. dürfen, sind nicht ersichtlich. ... Allein der Umstand, dass die Arbeitsbedingungen ungünstiger sind als bei den bisherigen Beschäftigungen, macht diese Arbeit nicht unzumutbar... Auch negative Stimmen ... bezüglich des potentiellen Arbeitgebers haben für die Frage der Zumutbarkeit der Arbeit sowie des Vorliegens eines wichtigen Grundes keine Relevanz."

BSG, Urteil vom 23.06.2016, B 14 AS 30/15 R:
„Eine Eingliederungsvereinbarung *(ist)* wirksam, wenn sie nicht nichtig ist. … Es liegt bereits die Nichtigkeit … wegen eines qualifizierten Rechtsverstoßes gegen ein gesetzliches Verbot … durch einen **Formenmissbrauch** nahe, weil durch sie faktisch in der Form eines einseitig regelnden Verwaltungsakts gehandelt wird… Denn sie bedient sich zwar der Form des öffentlich-rechtlichen Vertrags, sie lässt aber … nicht erkennen, dass sie dem … gesetzgeberischen Regelungskonzept entspricht. … Weder ist ersichtlich, dass die Eingliederungsvereinbarung … auf den Leistungsgrundsätzen des § 3 Abs. 1 Satz 2 SGB II beruht… Noch ist ersichtlich, dass sie außer der Zusage des Beklagten, bei Vorliegen geeigneter Stellenangebote Vermittlungsvorschläge zu unterbreiten, individuelle, konkrete und verbindliche Leistungsangebote zur Eingliederung in Arbeit … als die grundsätzlich notwendigen Bestandteile einer Eingliederungsvereinbarung enthält… Der Eingliederungsvereinbarung ist weder zu entnehmen, ob und inwieweit eine **Eignungsanalyse** … durchgeführt und die bisher gewonnenen **Erfahrungen** bei der Eingliederungsvereinbarung … berücksichtigt wurden… Noch ist ihr zu entnehmen, ob und ggf. warum es vorliegend kein Verstoß gegen § 15 Abs. 1 SGB II … sein könnte, in der Eingliederungsvereinbarung außer der Zusage von Vermittlungsvorschlägen bei Stellenangeboten **keine individuellen, konkreten und verbindlichen Leistungsangebote** des Beklagten … zu vereinbaren. … Gleichwohl bedarf es hier keiner Aufhebung und Zurückverweisung an das LSG …, denn die Eingliederungsvereinbarung … ist jedenfalls deshalb insgesamt nichtig …, weil sich der Beklagte entgegen dem sog. **Koppelungsverbot** … eine **unzulässige Gegenleistung** … hat versprechen lassen. Die sanktionsbewehrte Obliegenheit des Klägers zu den … Bewerbungsbemühungen ist … unangemessen im Verhältnis zu den vom Beklagten insoweit übernommenen Leistungsverpflichtungen. Denn die Eingliederungsvereinbarung sieht **keine** Regelung zu **individuellen, konkreten und verbindlichen Unterstützungsleistungen** für die in ihr bestimmten individuellen, konkreten und verbindlichen Bewerbungsbemühungen … vor… Dass gesetzliche Vorschriften die Übernahme von Bewerbungskosten ermöglichen …, ändert nichts daran, dass Eingliederungsvereinbarungen ein ausgewogenes Verhältnis der wechselseitigen Verpflichtungen aufzuweisen haben… Probleme einer konkreten Bestimmung von Leistungen zur Kostenübernahme bereits vor dem Anfall von Bewerbungskosten machen eine verbindliche Bestimmung nicht von vornherein unmöglich; so kommt die **Zusage dem Grunde nach** in Betracht, dass Bewerbungsaktivitäten auf Antrag und nach Maßgabe der gesetzlichen Vorschriften durch Übernahme von angemessenen und nachgewiesenen Kosten für schriftliche Bewerbungen sowie für Fahrkosten zu Vorstellungsgesprächen unterstützt werden; Einzelheiten können dem Antragsverfahren überlassen bleiben… Auch Pauschalierungen … oder Höchstbetragsregelungen kommen in Betracht."

LSG Baden-Württemberg, Urteil vom 07.07.2016, L 7 AS 4034/13:
„Eine Minderung wegen einer **Arbeitsverweigerung** ... kommt schon nach dem Wortsinn des Begriffs "Weigerung" **nur bei vorsätzlicher Ablehnung** eines bestimmten Verhaltens ... in Betracht... Der Kläger hat an der zweimonatigen Vollzeitmaßnahme zur Aktivierung und beruflichen Eingliederung ... auch tatsächlich teilgenommen und dort ferner den "Staplerschein" erworben. Wohl könnte gegen den Kläger sprechen, dass er in der Vergangenheit insgesamt drei ... Vermittlungsvorschlägen ... nicht nachgekommen war und deswegen sogar Minderungen des Arbeitslosengeldes II um bis zu 60 Prozent hingenommen hatte. Dem ist jedoch entgegenzuhalten, dass ... es bei einer überwältigenden Vielzahl der ihm von der Arbeitsvermittlung ... unterbreiteten etwa 100 Vermittlungsvorschlägen offensichtlich keine Beanstandungen gegeben hat. Bei einer **Würdigung der gesamten Umstände des Falles einschließlich der Persönlichkeit** des Klägers, von dessen einfacher Wesensstruktur sich der Senat ... einen persönlichen Eindruck verschaffen konnte, vermochte sich der Senat nicht davon zu überzeugen, dass der Kläger mit Blick auf das Stellenangebot als Kommissionierer ..., selbst wenn er dieses erhalten haben sollte, vorsätzlich gehandelt hat. Ihm könnte allenfalls vorgehalten werden, ihm sei entgangen, dass in dem **Konvolut von Unterlagen**, die ihm von der Arbeitsvermittlerin ... ausgehändigt worden sind - vom Beklagtenvertreter ... als "einen ganzen Stapel Papier" bezeichnet - auch der vorgenannte Vermittlungsvorschlag enthalten war. Eine solche Unachtsamkeit ist nach den hier gegebenen Besonderheiten des Einzelfalls als bloßes Versehen, äußerstenfalls jedoch als **leichte Fahrlässigkeit** zu werten; dies genügt für den Pflichtverletzungstatbestand des § 31 Abs. 1 Satz 1 Nr. 2 SGB II, der ein vorsätzliches Verhalten fordert, indessen nicht."

LSG Sachsen, Beschluss vom 22.12.2016, L 7 AS 1149/16 B ER:
„Der Antragsgegner hat das als Vorfrage für die Feststellung einer Pflichtverletzung inzident zu prüfende **Ermessen** im Vorfeld und bei der Abfassung des Eingliederungsbescheides **nicht ausgeübt**. ...der Antragsgegner *(hatte)* den Antragsteller vor Erlass des Eingliederungsbescheides ... bereits **mindestens fünfmal aus demselben Grund ... sanktioniert**. Angesichts dessen hätte er spätestens bei Erlass des Eingliederungsbescheides ... in die Erwägungen einstellen und deutlich machen müssen, dass er sich trotz der hinsichtlich der Verpflichtung zu Bewerbungsbemühungen festgestellten **mindestens acht gleichen Eingliederungsbescheiden** beim Erlass eines weiteren derartigen Bescheides nicht von sachfremden Erwägungen leiten ließ. Angesichts der zahlreichen gegen den Antragsteller bereits verhängten Sanktionen hätte der Antragsgegner Erwägungen anstellen müssen, ob angesichts dessen ein verändertes Vorgehen möglicherweise unter Einbeziehung psychologischer Unterstützung veranlasst ist. In Ermangelung von dahingehenden Ausführungen in dem Eingliederungsbescheid ist ... von einem Ermessensfehler auszugehen."

Landessozialgericht Berlin-Brandenburg, Urteil vom 23.02.2017, L 32 AS 1626/13:
„Die Eingliederungsvereinbarung muss .. auf den **Leistungsgrundsätzen** des § 3 Abs. 1 Satz 2 SGB II beruhen… Die Eingliederungsvereinbarung hat **individuelle, konkrete und verbindliche Leistungsangebote** … zur Eingliederung in Arbeit zu enthalten. … Zur Verwirklichung dessen ist ein schlüssiges Eingliederungskonzept erforderlich… Der Eingliederungsvereinbarung .. ist .. nicht zu entnehmen, ob und inwieweit eine **Eignungsanalyse** … durchgeführt wurde und die **bisher gewonnenen Erfahrungen** … berücksichtigt wurden. … Die Maßnahme intensive Vermittlung soll … die berufliche Eingliederung durch eine Heranführung an den Ausbildungs- und Arbeitsmarkt unterstützen. … Unter dieser Annahme bleibt … unverständlich, weswegen der Kläger … mindestens drei monatliche Bewerbungsbemühungen … zu unternehmen hatte, denn solche Bewerbungsbemühungen konnten mit nur unzureichend … vorhandenen Kenntnissen und Fähigkeiten von vornherein kaum oder nicht erfolgversprechend sein. Vom Kläger wurde insoweit etwas verlangt, was er erst nach Durchführung der angebotenen Maßnahme … zu leisten in der Lage wäre. … Wenn nach dem Aktenvermerk vom 30. September 2010 auch eine Arbeitsgelegenheit als sinnvoll erschien, bedeutet dies, dass der Beklagte an der Beschäftigungsfähigkeit … Zweifel hatte. … *(Deshalb)* … wäre es vornehmlich geboten gewesen aufzuklären, ob der Kläger **beschäftigungsfähig ist**... Eine **Eingliederungsvereinbarung**, die ungeachtet dessen den Kläger verpflichtet, an einer Maßnahme intensive Vermittlung teilzunehmen und ihm aufgibt, Bewerbungsbemühungen … zu unternehmen, **beruht mithin nicht auf einem schlüssigen Eingliederungskonzept**. Sie ist vielmehr Ausdruck dessen, irgendwelche Maßnahmen, … auszuprobieren. …die Eingliederungsvereinbarung … ist mithin insgesamt **nichtig**, so dass darauf eine Minderung des Arbeitslosengeldes II nicht gestützt werden kann."

7. Sonstige Voraussetzungen nach § 32 (Meldeaufforderung, Untersuchung)

§ 32 SGB II Meldeversäumnisse

(1) <u>Kommen Leistungsberechtigte</u> trotz schriftlicher Belehrung über die Rechtsfolgen oder deren Kenntnis <u>einer Aufforderung des zuständigen Trägers, sich bei ihm zu melden oder bei einem ärztlichen oder psychologischen Untersuchungstermin zu erscheinen, nicht nach</u>, mindert sich das Arbeitslosengeld II oder das Sozialgeld jeweils um 10 Prozent des für sie nach § 20 maßgebenden Regelbedarfs. Dies gilt nicht, wenn Leistungsberechtigte einen wichtigen Grund für ihr Verhalten darlegen und nachweisen.

(2) Die Minderung nach dieser Vorschrift tritt zu einer Minderung nach § 31a hinzu. § 31a Absatz 3 und § 31b gelten entsprechend.

Die **Tatbestandsvoraussetzungen** im Überblick:

- Der Leistungsberechtigte
- kommt einer Aufforderung des Jobcenters
    - sich bei ihm zu melden oder
    - bei einem ärztlichen oder psychologischen Untersuchungstermin zu erscheinen

  nicht nach.
- Rechtmäßigkeit der Meldeaufforderung
- Subjektive Vorwerfbarkeit
- Schriftliche Belehrung über die Rechtsfolgen oder deren Kenntnis
- Fehlen eines Nachweises eines wichtigen Grundes für das Nichterscheinen

Der Gesetzgeber regelt **Meldeversäumnisse** und **Nichterscheinen** zu ärztlichen und psychologischen **Untersuchungsterminen** separat in § 32 SGB II.

Die Norm gilt für **alle Leistungsberechtigten**, also auch für unter 25-jährige erwerbsfähige Leistungsberechtigte und für in Bedarfsgemeinschaft lebende nicht erwerbsfähige Leistungsberechtigte.

Die Meldepflicht besteht auch in Zeiten, in denen der Leistungsanspruch wegen einer Sanktion weggefallen ist (§ 309 Abs. 1 SGB III).

Zulässige Meldezwecke sind

- Berufsberatung
- Vermittlung in Ausbildung oder Arbeit
- Vorbereitung aktiver Arbeitsförderungsleistungen
- Vorbereitung von Entscheidungen im Leistungsverfahren und

- Prüfung des Vorliegens der Voraussetzungen für den Leistungsanspruch.

Die Meldeaufforderung zur Prüfung des Leistungsanspruchs gibt dem Jobcenter die Möglichkeit der **Kontrolle**, um Missbrauch aufzudecken.

Eine wiederholte Pflichtverletzung bei Meldeversäumnissen regelt das Gesetz nicht mehr. Jedes einzelne Meldeversäumnis ist für sich zu betrachten und mit 10 % des maßgeblichen Regelbedarfs zu sanktionieren.

Die Minderung nach § 32 SGB II tritt zu einer Minderung nach § 31a SGB II hinzu. Die Sanktionsbeträge sind also in Überschneidungsmonaten zu addieren.

Die Meldeaufforderung ist ein **Verwaltungsakt**. Die Zugangsfiktion nach § 37 Abs. 2 Satz 1 SGB X greift nur, wenn der Tag der Aufgabe zur Post in der Akte vermerkt ist.

Die Meldeaufforderung muss inhaltlich hinreichend bestimmt sein. Sie muss **Ort**, **Zweck** und **Zeitpunkt** der Meldung konkret benennen.

Die Meldeaufforderung steht im **Ermessen** des Jobcenters, ebenso Ort und Zeit der Meldung. Das Jobcenter muss im Rahmen der Ermessensausübung auf berechtigte Interessen des Leistungsberechtigten Rücksicht nehmen.

Ein **Meldeversäumnis** liegt vor, wenn der erwerbsfähige Leistungsberechtigte einer wirksamen Aufforderung des Jobcenters nicht nachgekommen ist. Der Leistungsberechtigte muss persönlich erscheinen; er kann sich nicht vertreten lassen.

Der Leistungsberechtigte hat seine Meldepflicht auch erfüllt, wenn er sich zu einer **anderen Zeit am selben Tag** meldet und der Zweck der Meldung erreicht wird. Das Jobcenter muss alles Zumutbare unternehmen, um die Meldung entgegenzunehmen.

Voraussetzung für die Minderung ist **subjektive Vorwerfbarkeit**. Diese kann bei erheblichen psychischen Einschränkungen zweifelhaft sein.

Drei Viertel aller Sanktionen entfallen auf Meldeversäumnisse.

Rechtsprechung:

LSG Baden-Württemberg, Beschluss vom 12.04.2006, L 7 AS 1196/06 ER-B:
„Hier nicht erörtert werden kann ... auch, ob die von der Antragsgegnerin verwendeten **Vordrucke für Meldeaufforderungen** ... in der **Rechtsfolgenbelehrung** ausreichend sind..., was angesichts der im Wesentlichen nur den Gesetzeswortlaut wiederholenden Belehrungen **zweifelhaft** erscheint, und ob den Meldeaufforderungen nach § 59 SGB II, die - anders als in § 336a SGB III die Meldeaufforderung nach § 309 SGB III - in § 39 SGB II nicht genannt sind, die **Qualität eines Verwaltungsakts zukommt**... All diese Unklarheiten sind jedoch im Rahmen der Interessenabwägung ergänzend zu Gunsten des Aussetzungsinteresses des Antragstellers zu berücksichtigen."

SG Karlsruhe, Urteil vom 07.05.2007, S 5 AS 5956/06:
„Erscheint der Hilfebedürftige zur angegebenen Zeit am angegebenen Ort, ist er seiner Meldepflicht nachgekommen. **Verweigert** er im Anschluss daran die ärztliche oder psychologische **Untersuchung**, kann dieses Verhalten nicht nach § 31 SGB II sanktioniert werden, sondern allenfalls nach § 66 SGB I."

LSG Nordrhein-Westfalen, Beschluss vom 13.07.2007, L 20 B 114/07 AS:
„Das **Aufforderungsschreiben zur Meldung** begegnet allerdings insoweit Bedenken, als ein **Meldezweck** nicht benannt wird. Die Beklagte beschränkt sich darauf mitzuteilen, dass es sich um eine Einladung nach § 59 SGB II i. V. m. § 309 SGB III handelt. Gemäß § 59 SGB II sind die Vorschriften über die allgemeine Meldepflicht aus § 309 SGB III für die Bezieher von Arbeitslosengeld II entsprechend anwendbar. § 309 SGB III normiert eine allgemeine Meldepflicht. Gemäß § 309 Abs. 2 SGB III kann die Aufforderung zur Meldung zum Zwecke der Berufsberatung, Vermittlung in Ausbildung oder Arbeit, Vorbereitung aktiver Arbeitsförderungsleistungen, Vorbereitung von Entscheidungen im Leistungsverfahren und Prüfung des Vorliegens der Voraussetzungen für den Leistungsanspruch erfolgen. Für das SGB III entspricht es .. einer weit verbreiteten Auffassung, dass der konkrete Meldezweck zumindest stichwortartig zu benennen ist. Ansonsten komme eine Säumniszeit nicht in Betracht ... Auch in der .. Literatur zu § 31 SGB II wird vertreten, dass die Meldeaufforderung einen nach § 309 SGB III zulässigen Zweck bezeichnen muss... Diese Rechtsfrage ist bisher zumindest für das SGB II nicht geklärt..."

LSG Berlin-Brandenburg, Beschluss vom 16.01.2008, L 28 B 2119/07 AS ER:
„Die streitigen Aufforderungen ... befinden sich weder in dem vorliegenden Teil der Verwaltungsakte noch in den Gerichtsakten, so dass schon unklar ist, ob die Aufforderungen den **Meldezweck**, den **Meldezeitpunkt** und den **Meldeort** benennen... Bei den Akten befindet sich lediglich die Durchschrift einer Aufforderung vom 3. September 2007 zu einem Gespräch über die berufliche

Situation am 3. September 2007. Hierbei dürfte es sich schwerlich um ein Original handeln, sondern um ein zu Vergleichszwecken eingeheftetes Schreiben, dem kein eigenständiger Beweiswert zukommt. ...
Auch wegen der ... vorgetragenen gesundheitlichen Gründe ist bislang nicht weiter ermittelt worden. Das Verhalten der Antragstellerin legt eine Überprüfung durch das Gericht nahe. Die Verpflichtung, sich ärztlichen und psychologischen Untersuchungsmaßnahmen zu unterziehen, die der Antragsgegner zum Gegenstand der (nicht abgeschlossenen) Eingliederungsvereinbarung gemacht hat, zeigt, dass auch seitens des Antragsgegners Zweifel an der Gesundheit der Antragstellerin bestehen. Ergänzend ist darauf hinzuweisen, dass das SG bei der Aufklärung des Sachverhalts für den Fall einer **Weigerung der Teilnahme an einer Untersuchung** auch eine **Begutachtung nach Aktenlage in Betracht ziehen** muss, bevor die Antragstellerin ... die Folgen der Nichterweislichkeit einer (schwerwiegenden) Erkrankung treffen."

LSG Baden-Württemberg, Urteil vom 14.03.2008, L 8 AS 5579/07:
„... kann dahingestellt bleiben, ob die ... Meldeaufforderung ... als **Verwaltungsakt** zu qualifizieren ist... Wird ... der **Zugang der Meldeaufforderung** bestritten, trägt der Grundsicherungsträger die **Beweislast** für einen Zugang des Schriftstücks. ...ohne eine nähere Regelung *(besteht)* weder eine Vermutung für den Zugang eines mit einfachem Brief übersandten Schreibens ... noch *(gelten)* insoweit die Grundsätze des Anscheinsbeweises...
Vom Adressaten eines angeblich nicht eingetroffenen einfachen Briefes **kann** auch **nicht mehr verlangt werden als ein schlichtes Bestreiten**, das Schreiben erhalten zu haben. ... Auch genügen die Eintragungen der Zustellerfirma a. auf einer "Rollkarte", wonach ... ein Schreiben an die Adresse des Klägers ausgeliefert worden ist, ... nicht als Nachweis für den Zugang... Unabhängig davon, welcher Beweiswert diesen Eintragungen allgemein zukommt, wird damit nur dokumentiert, dass ein Schreiben an die Anschrift des Klägers ausgeliefert worden ist. Es wird nicht bestätigt, dass der Brief in den Briefkasten des Klägers eingelegt worden ist. ...
Nach dem in der Verwaltungsakte befindlichen **BewA-Ausdruck** ist am 21.02.2005 die Versendung einer Meldeaufforderung veranlasst worden. Danach sollte diese Aufforderung folgenden Inhalt haben: "Bitte kommen Sie am 01.03.05 um 09.15 Uhr in die Agentur für Arbeit F., L. Str ..., Zimmer C ... Grund: Ich möchte mit Ihnen über Ihr Bewerberangebot bzw. Ihre berufliche Situation sprechen." Ob und ggf. welche Rechtsfolgenbelehrung dem Schriftstück beigefügt war, lässt sich mit diesem Eintrag in das Datenverarbeitungsprogramm der Beklagten aber nicht beurteilen. Hierfür genügt auch der Hinweis der Beklagten auf einen Mustertext ... nicht. ...der Inhalt der ... **Entscheidungen**, eingeleiteten **Maßnahmen** und versandten **Aufforderungen** *(muss sich)* zweifelsfrei den **Akten** entnehmen *(lassen)*."

LSG Nordrhein-Westfalen, Beschluss vom 15.04.2008, L 20 B 24/08 AS:
„Es sei ausreichend, den Antragsteller **24 Stunden vor einem Termin** über diesen Termin in Kenntnis zu setzen. Da die Erreichbarkeits-Anordnung kraft Gesetzes gelte, sei ein entsprechender Hinweis nicht erforderlich. Der Kläger sei auch hinreichend belehrt worden. Dabei komme es nicht darauf an, ob er die Rechtsfolgenbelehrung tatsächlich zur Kenntnis habe nehmen können. Nach der Rechtsprechung des Bundessozialgerichts ... sei die Belehrung über die Rechtsfolgen mit dem Zugang erteilt, wenn sich der arbeitslose Leistungsbezieher ohne vorherige Anzeige bei der Arbeitsagentur nicht unter seiner Anschrift aufhalte. **Es sei zulässig, Leistungsempfänger kurzfristig zu einem Termin einzuladen, wenn der Verdacht bestehe, dass diese unter der angegebenen Adresse nicht tatsächlich wohnten** und aus diesem Grund ggf. zu Unrecht Leistungen bezogen würden. Gemäß § 59 SGB II i. V. m. § 309 Abs. 2 Nr. 5 SGB III sei die "Prüfung des Vorliegens der Voraussetzungen für den Leistungsanspruch" ein möglicher Zweck für einen Meldetermin. Dieser Meldezweck habe u.a. auch die Funktion, Kontrollmöglichkeiten ... zu eröffnen. Über die Hintereinanderschaltung kurzfristiger Meldetermine sei es möglich, den Aufenthalt des Leistungsempfängers effektiv zu prüfen, da bei sporadischen Besuchen zu unterschiedlichen Uhrzeiten vom entsprechenden Leistungsempfänger stets vorgetragen werden könne, just in diesen Momenten nicht zu Hause gewesen zu sein. Um einem etwaigen Leistungsmissbrauch ... Herr zu werden, sei das Vorgehen über kurzfristige Einladungen rechtlich nicht zu beanstanden und .. nicht schikanös."

LSG Bayern, Beschluss vom 26.04.2010, L 7 AS 212/10 B ER:
„Zwischen den Beteiligten ist eine Absenkung des Arbeitslosengeldes II ... wegen eines wiederholten Meldeversäumnisses strittig. ...der Antragsteller... sei ... in der Außenstelle gewesen, habe allerdings nicht mit dem Sachbearbeiter in dessen Zimmer gehen wollen. Ein persönliches Gespräch ohne Zeugen sei zu gefährlich. Einen Beistand habe er in der kurzen Zeit nicht auftreiben können. Sein Widerspruch gegen die Meldeaufforderung sei ignoriert worden. Außerdem habe er Hausverbot in allen Gebäuden der Antragsgegnerin. Die Ablehnung eines Gesprächs unter vier Augen sei kein Meldeversäumnis. ...
...der Antragsteller *(erfüllte)* **mit der Vorsprache im Eingangsbereich** des Dienstgebäudes seine **Meldepflicht nicht**. Nach § 59 SGB II ist § 309 SGB III entsprechend anwendbar. Nach § 309 Abs. 1 S. 2 SGB III hat sich der Antragsteller bei der in der Meldeaufforderung bezeichneten Stelle zu melden. In der Meldeaufforderung wurde konkret das **Zimmer** des zuständigen Sachbearbeiters **benannt**. Eine Meldung nur im Gebäude verbunden mit der Weigerung, den zuständigen Sachbearbeiter aufzusuchen, erfüllt den Zweck der Meldeaufforderung offenkundig nicht. § 13 Abs. 4 SGB X berechtigt zwar grundsätzlich dazu, zu Verhandlungen und Besprechungen mit einem Beistand zu erscheinen... Diese Berechtigung gibt aber kein Recht bzw. **keinen wichtigen Grund**, eine Meldeaufforderung nicht wahrzunehmen, **wenn ein** derartiger **Begleiter nicht zur Verfügung steht**. ... Der Antragsteller trägt

vor, er könne wegen einer von ihm gegen seinen persönlichen Ansprechpartner gestellten **Strafanzeige** mit diesem nicht mehr in Kontakt treten. Wenn das so wäre, könnte ein Hilfeempfänger jeden Meldetermin auch durch eine völlig substanzlose Strafanzeige aushebeln. Das ist offenkundig nicht richtig."

<u>BSG, Urteil vom 09.11.2010, B 4 AS 27/10 R:</u>
„Wegen der strukturellen Ähnlichkeit des § 31 SGB II zu den Sperrzeittatbeständen des § 144 Abs. 1 Satz 2 SGB III ist auch im Rahmen des § 31 Abs. 2 SGB II die **subjektive Vorwerfbarkeit** des Verhaltens als ungeschriebenes Tatbestandsmerkmal zu prüfen... Der Verstoß gegen die Meldepflicht war ... - unbesehen der Prüfung ... eines wichtigen Grundes ... - ... vorwerfbar, weil die Beklagte ihn mit den Einladungsschreiben ... ausdrücklich darauf hingewiesen hat, dass nur eine ärztliche Bescheinigung mit Angabe gesundheitlicher Gründe sein Nichterscheinen zu den Meldeterminen entschuldigen könne. ... Macht der Arbeitslose gesundheitliche Gründe für sein Nichterscheinen geltend, kommt als Nachweis für die Unfähigkeit, aus gesundheitlichen Gründen beim Leistungsträger zu erscheinen, zwar regelmäßig die Vorlage einer Arbeitsunfähigkeitsbescheinigung in Betracht. **Arbeitsunfähigkeit ist jedoch nicht in jedem Einzelfall gleichbedeutend mit einer krankheitsbedingten Unfähigkeit, zu einem Meldetermin zu erscheinen...**"

<u>LSG Bayern, Beschluss vom 03.01.2011, L 7 AS 921/10 B ER:</u>
„...das wortlose kurze Erscheinen des Antragstellers *(ist)* keine Erfüllung der Meldepflicht... Für die Arbeitsförderung ... wird teilweise vertreten, der Meldepflichtige *(schulde)* nur ein persönliches Erscheinen... Dem wird für die Grundsicherung für Arbeitsuchende teilweise widersprochen... Der Zweck eines Meldetermins würde mit einem derartigen passiven Verständnis der Meldepflicht vereitelt werden und es wäre bei einem bloßen passiven Erscheinen eine völlige Entziehung oder Versagung der Leistung nach § 66 SGB I denkbar, während der Nichterscheinende nur mit einer in der Regel kleinen Absenkung rechnen müsste. Außerdem verträgt sich das passive Verständnis nicht mit dem ausgeprägten Grundsatz des Forderns... Inwieweit das aktive Verständnis der Meldepflicht zu Abgrenzungsproblemen führt (mit welcher Aktivität ist der Meldepflicht genüge getan?), muss hier nicht entschieden werden. **Das bloße wortlose Erscheinen zum Meldetermin entspricht einer völligen Verweigerung und ist wie ein Nichterscheinen zu werten.** Der Antragsteller legt scheinbar alle Energie in die Vermeidung einer Erwerbstätigkeit."

<u>LSG Bayern, Urteil vom 29.03.2012, L 7 AS 961/11:</u>
„Der Kläger hat durch sein Verhalten gezeigt, dass er sich regelmäßig Einladungen mittels Vorlage schlichter AU-Bescheinigungen entzieht. Dabei gab nicht nur die Regelmäßigkeit zu Zweifeln an dem Beweiswert der AU-Bescheinigungen Anlass, sondern auch die sonstigen Aktivitäten, die der Kläger in engem Zusammenhang mit den Krankschreibungen entfaltete. Der Kläger

kann deshalb nicht die Feststellung begehren, dass der **Hinweis** rechtswidrig ist, dass er im Falle des Nichterscheinens zu einem Untersuchungstermin aus gesundheitlichen Gründen **statt einer AU-Bescheinigung ein Attest vorzulegen** habe, wonach er den Termin aufgrund einer Erkrankung nicht wahrnehmen konnte."

<u>LSG Niedersachsen-Bremen, Urteil vom 18.12.2013, L 13 AS 161/12:</u>
„Für das Versäumnis des Meldetermins hat der Kläger auch keinen wichtigen Grund dargelegt... Allein der Umstand, dass er sich irrtümlich im Wochentag vertan habe und den **Tag zur Meldung versehentlich übersehen** habe, stellt keinen wichtigen Grund dar. ...§ 32 SGB II *(begegnet)* weder im Allgemeinen, noch im Besonderen verfassungsrechtlichen Bedenken im Hinblick auf die **Verhältnismäßigkeit**. Bei einer **gebundenen Verwaltungsentscheidung** ... kann der Vorwurf unverhältnismäßigen Behördenhandelns immer nur darauf gestützt werden, dass die **Ermächtigungsgrundlage** ihrerseits unverhältnismäßig und damit verfassungswidrig sei. ... Die Annahme, eine Absenkung von Leistungen stelle stets einen verfassungswidrigen Eingriff in das Existenzminimum dar ... geht von dem irrigen Ansatz aus, die Regelleistung sei bereits das zum Lebensunterhalt Unerlässliche... und berücksichtigt nicht, dass nach dem Menschenbild des Grundgesetzes vom freien, selbstbestimmten Individuum staatliche Unterstützungsleistungen nicht voraussetzungslos gewährt werden... Die .. Sanktion wird den Kläger in **geeignet**er Weise in Zukunft dazu anhalten, Meldetermine ... besonders zu beachten. Auch steht **kein milderes Mittel** in angemessener Weise zur Verfügung. ... Es ist nämlich einem Hilfesuchenden durchaus zumutbar, ein Aufforderungsschreiben zur Meldung mit der nötigen Sorgfalt zu lesen, ein hinreichendes Verständnis sicher zu stellen und sich selbst zu veranlassen, an diesen Termin ausreichend zu denken..."

<u>BSG, Urteil vom 29.04.2015, B 14 AS 19/14 R:</u>
„Die Voraussetzungen für die Feststellung eines Meldeversäumnisses sind .. hinsichtlich der Meldetermine am 24.10.2011, 4.11.2011 und 11.11.2011 gegeben, nicht jedoch ... für den vierten und die weiteren Meldetermine. ... Die **Voraussetzungen** ... eines Meldeversäumnisses ... sind: Eine **leistungsberechtigte Person** muss eine Aufforderung des zuständigen Jobcenters, sich bei ihm zu melden oder bei einem Untersuchungstermin zu erscheinen, erhalten haben (**Meldeaufforderung**), mit der ein zulässiger **Meldezweck** verfolgt wurde ...; die Person muss eine schriftliche **Belehrung** über die **Rechtsfolgen** erhalten oder von diesen Kenntnis haben und ohne **wichtigen Grund** der Meldeaufforderung schuldhaft nicht nachgekommen sein. ... Keine Voraussetzung aufgrund der neuen Rechtslage ist, dass ein Verwaltungsakt über die erste Feststellung eines Meldeversäumnisses und der eingetretenen Minderung ergangen ist, ehe ein zweites Meldeversäumnis eintreten konnte... Wie konkret der Meldezweck benannt werden muss, kann nicht für alle Einzelfälle generell festgelegt werden, weil dafür die jeweilige Beratungssituation maß-

gebend ist; eine stichwortartige Konkretisierung ist aber im Regelfall ausreichend... Aufgrund der Abfolge der ... **sieben Meldeaufforderungen ... innerhalb von acht Wochen** sind die Bescheide vom 14.12.2011, 15.12.2011, 2.1.2012 und 3.1.2012 rechtswidrig... Die Rechtswidrigkeit der genannten Bescheide folgt nicht aus der "**Einladungsdichte**" als solche... Die Abfolge von siebenmal derselben Meldeaufforderung mit denselben Zwecken in nahezu wöchentlichem Abstand ... verstößt jedoch gegen die **vor einer Meldeaufforderung notwendige Ermessensausübung** wegen einer Ermessensunterschreitung, weil relevante Ermessensgesichtspunkte nicht berücksichtigt worden sind... Zumindest nach der dritten gleichlautenden Meldeaufforderung mit dem Ergebnis der Nichtwahrnehmung des Termins hätte der Beklagte nicht in der bisherigen Weise fortfahren dürfen. Vielmehr hätte er aufgrund der ... im Rahmen des § 31a SGB II eingefügten Abstufungen zwischen den Rechtsfolgen eines Meldeversäumnisses mit einer Minderung um 10 vH und den Rechtsfolgen bei einer Pflichtverletzung mit einer Minderung um 30 vH sowie der Erbringung ergänzender Sachleistungen bei einer Minderung um mehr als 30 vH seine bisherige Ermessensausübung überprüfen müssen. ... Denn es handelt sich nach dem Wortlaut und der Konzeption der **§§ 31 bis 32 SGB II** ... **nicht** um **Strafvorschriften**, nach denen aufgrund eines bestimmten schuldhaften Verhaltens bestimmte Strafen "verhängt" werden, sondern um die gesetzlichen Folgen von Obliegenheitsverletzungen, weil die Durchsetzung z. B. einer Meldeaufforderung nicht mit Mitteln des Verwaltungszwangs vollstreckt werden darf. ... Der Beklagte hätte auch von weiteren Meldeaufforderungen Abstand nehmen und die Klägerin zu einer ärztlichen oder psychologischen Untersuchung auffordern können... Durchgreifende **verfassungsrechtliche Bedenken** gegen eine Minderung des Alg II-Anspruchs ... nach §§ 32, 31a Abs. 3, § 31b SGB II **bestehen nicht**."

<u>BSG, Urteil vom 29.04.2015, B 14 AS 20/14 R:</u>
„Regelungsgegenstand der .. Bescheide ist allein die Feststellung von Meldeversäumnissen und der sich daraus ergebenden ... Minderungen, nicht aber die Höhe des Leistungsanspruchs für Zeiten, für die dem Kläger ... Leistungen ... zuerkannt worden waren. ... Mindert sich kraft Gesetzes der "Auszahlungsanspruch" ... zu einem bestimmten Zeitpunkt, so bedeutet das nicht, dass die zugrunde liegende Bewilligung selbst abweichend von § 48 Abs. 1 Satz 2 SGB X ohne ausdrückliche (Teil-)Aufhebung partiell ihre Regelungswirkung verlieren könnte. ... Wie konkret der **Meldezweck** benannt werden muss, kann nicht für alle Einzelfälle generell festgelegt werden, weil dafür die **jeweilige Beratungssituation maßgebend** ist; eine **stichwortartige Konkretisierung** ist aber **im Regelfall ausreichend**... Dementsprechend ist die Angabe "Gespräch über das Bewerberangebot/die berufliche Situation" eine grundsätzlich zulässige und ausreichende Konkretisierung des Meldezwecks... Ein Ermessensnichtgebrauch, ... ist nicht festzustellen, weil der Beklagte ... die Meldeaufforderung ausgesprochen hatte, um die berufliche Situation des Klägers mit ihm zu erörtern, was angesichts der Länge seines Leistungsbezugs naheliegend war. ... Die in den Meldeaufforderungen genannten Zwecke dienten

dem zentralen Ziel des SGB II, die arbeitsuchende, leistungsberechtigte Person bei der Aufnahme einer Erwerbstätigkeit zu unterstützen und im Zusammenwirken mit ihr Wege zu entwickeln und ihr aufzuzeigen, wie sie eine solche Erwerbstätigkeit ... erlangen kann..."

LSG Bayern, Urteil vom 14.09.2016, L 16 AS 373/16:
„Die Rechtmäßigkeit der **Meldeaufforderung** ... ist als Vorfrage für die Feststellung eines Meldeversäumnisses **inzident zu überprüfen**. ... Die Meldeaufforderung ist nicht deshalb rechtswidrig, weil der Kläger darin aufgefordert wurde, sich ... beim **Stand des Beklagten** auf der von der Agentur für Arbeit durchgeführten **Berufsmesse** JOBtotal 2015 in der Saturn-Arena ... zu **melden**. ... Den Meldezwecken kann an jedem Ort entsprochen werden, an dem der Beklagte durch seine Mitarbeiter seinen Aufgaben nachkommt und zur Entgegennahme der Meldung bereit ist. Weder der Meldezweck noch der Schutz des Arbeitsuchenden verlangen eine Beschränkung der Meldeorte auf die Diensträume des Beklagten... Die Anwesenheit sei kontrolliert und von einem der Mitarbeiter in der Liste abgehakt worden. Damit wurde ... die Herstellung eines persönlichen Kontaktes zwischen dem Beklagten und dem Kläger ermöglicht, es war gerade nicht vorgesehen, dass sich der Kläger bei einem unbeteiligten Dritten melden sollte. Die Aufforderung zur persönlichen Meldung am Stand des Beklagten diente ... auch einem der in § 309 Abs. 2 SGB III vorgesehenen Meldezwecke, nämlich der Vermittlung in Arbeit... Dazu gehören auch vorbereitende Handlungen."

SG Köln, Urteil vom 30.11.2016, S 4 AS 1525/16:
„...die Meldeaufforderung *(ist)* in analoger Anwendung des § 130 BGB dann bekannt gegeben, wenn sie dergestalt in den **Machtbereich des Empfängers** gelangt ist, dass bei Annahme gewöhnlicher Verhältnisse damit zu rechnen ist, er könne von ihr Kenntnis erlangen... Die tatsächliche Kenntnisnahme ist nicht erforderlich... Beweisbelastet für den Zugang und damit die Bekanntgabe der Meldeaufforderung ist der Beklagte nach § 37 Abs. 2 S. 2 Hs. 2 SGB X... Diesen Beweis hat ... der Beklagte durch die Vorlage einer **Postzustellungsurkunde** erbracht. ... Ausweislich der Postzustellungsurkunde ... war eine Übergabe des Schriftstückes in der Wohnung ... nicht möglich... Ein **Gegenbeweis** könnte nur durch den Beweis der Unrichtigkeit der in ihr bezeugten Tatsachen geführt werden... Ein solcher Gegenbeweis ist dem Kläger nicht gelungen. ... Sein Vortrag, dass er das Schriftstück im **Nachbarbriefkasten**, der immer offen sei, gefunden habe, lässt keinen Schluss zu, dass der Zeuge *(Postzusteller)* das ... Schriftstück in den Nachbarbriefkasten geworfen habe..."

8. Rechtsfolgen

§ 31a SGB II Rechtsfolgen bei Pflichtverletzungen

(1) Bei einer Pflichtverletzung nach § 31 mindert sich das Arbeitslosengeld II in einer ersten Stufe um 30 Prozent des für die erwerbsfähige leistungsberechtigte Person nach § 20 maßgebenden Regelbedarfs. Bei der ersten wiederholten Pflichtverletzung nach § 31 mindert sich das Arbeitslosengeld II um 60 Prozent des für die erwerbsfähige leistungsberechtigte Person nach § 20 maßgebenden Regelbedarfs. Bei jeder weiteren wiederholten Pflichtverletzung nach § 31 entfällt das Arbeitslosengeld II vollständig. Eine wiederholte Pflichtverletzung liegt nur vor, wenn bereits zuvor eine Minderung festgestellt wurde. Sie liegt nicht vor, wenn der Beginn des vorangegangenen Minderungszeitraums länger als ein Jahr zurückliegt. Erklären sich erwerbsfähige Leistungsberechtigte nachträglich bereit, ihren Pflichten nachzukommen, kann der zuständige Träger die Minderung der Leistungen nach Satz 3 ab diesem Zeitpunkt auf 60 Prozent des für sie nach § 20 maßgebenden Regelbedarfs begrenzen.

(2) Bei erwerbsfähigen Leistungsberechtigten, die das 25. Lebensjahr noch nicht vollendet haben, ist das Arbeitslosengeld II bei einer Pflichtverletzung nach § 31 auf die für die Bedarfe nach § 22 zu erbringenden Leistungen beschränkt. Bei wiederholter Pflichtverletzung nach § 31 entfällt das Arbeitslosengeld II vollständig. Absatz 1 Satz 4 und 5 gilt entsprechend. Erklären sich erwerbsfähige Leistungsberechtigte, die das 25. Lebensjahr noch nicht vollendet haben, nachträglich bereit, ihren Pflichten nachzukommen, kann der Träger unter Berücksichtigung aller Umstände des Einzelfalles ab diesem Zeitpunkt wieder die für die Bedarfe nach § 22 zu erbringenden Leistungen gewähren.

(3) Bei einer Minderung des Arbeitslosengeldes II um mehr als 30 Prozent des nach § 20 maßgebenden Regelbedarfs kann der Träger auf Antrag in angemessenem Umfang ergänzende Sachleistungen oder geldwerte Leistungen erbringen. Der Träger hat Leistungen nach Satz 1 zu erbringen, wenn Leistungsberechtigte mit minderjährigen Kindern in einem Haushalt leben. Bei einer Minderung des Arbeitslosengeldes II um mindestens 60 Prozent des für den erwerbsfähigen Leistungsberechtigten nach § 20 maßgebenden Regelbedarfs soll das Arbeitslosengeld II, soweit es für den Bedarf für Unterkunft und Heizung nach §

22 Absatz 1 erbracht wird, an den Vermieter oder andere Empfangsberechtigte gezahlt werden.

(4) Für nichterwerbsfähige Leistungsberechtigte gilt Absatz 1 und 3 bei Pflichtverletzungen nach § 31 Absatz 2 Nummer 1 und 2 entsprechend.

Das Gesetz gibt die Sanktionsstufen starr vor; ein Ermessensspielraum besteht nicht.

Das Jobcenter hat jedoch folgende Instrumente, um die **Sanktionen** zu **mildern**:

- **Begrenzung** auf die zweite Stufe, bei unter 25-Jährigen auf die erste Stufe, wenn sich der Leistungsberechtigte nachträglich bereit erklärt, seine Pflichten zu erfüllen.

- Ergänzende **Sach- und geldwerte Leistungen**, wenn die Minderung 30 % des Regelbedarfs übersteigt.

- **Verkürzung des Sanktionszeitraums** bei unter 25-Jährigen nach den Umständen des Einzelfalls.

8.1 Wiederholte Pflichtverletzung

§ 31a SGB II Rechtsfolgen bei Pflichtverletzungen

(1) Bei einer Pflichtverletzung nach § 31 mindert sich das Arbeitslosengeld II in einer ersten Stufe um 30 Prozent des für die erwerbsfähige leistungsberechtigte Person nach § 20 maßgebenden Regelbedarfs. Bei der <u>ersten wiederholten Pflichtverletzung</u> nach § 31 mindert sich das Arbeitslosengeld II um <u>60 Prozent</u> des für die erwerbsfähige leistungsberechtigte Person nach § 20 maßgebenden Regelbedarfs. Bei jeder weiteren wiederholten Pflichtverletzung nach § 31 <u>entfällt das Arbeitslosengeld II vollständig</u>. Eine wiederholte Pflichtverletzung liegt nur vor, wenn bereits zuvor eine Minderung festgestellt wurde. Sie liegt nicht vor, wenn der Beginn des vorangegangenen Minderungszeitraums länger als ein Jahr zurückliegt. Erklären sich erwerbsfähige Leistungsberechtigte nachträglich bereit, ihren Pflichten nachzukommen, kann der zuständige Träger die Minderung der Leistungen nach Satz 3 ab diesem Zeitpunkt auf 60 Prozent des für sie nach § 20 maßgebenden Regelbedarfs begrenzen.

(2) Bei erwerbsfähigen Leistungsberechtigten, die das <u>25. Lebensjahr noch nicht vollendet</u> haben, ist das Arbeitslosengeld II bei einer Pflichtverletzung nach § 31 auf die für die <u>Bedarfe nach § 22</u> zu erbringenden Leistungen beschränkt. Bei <u>wiederholter Pflichtverletzung</u> nach § 31 <u>entfällt das Arbeitslosengeld II</u> vollständig. Absatz 1 Satz 4 und 5 gilt entsprechend. Erklären sich erwerbsfähige Leistungsberechtigte, die das 25. Lebensjahr noch nicht vollendet haben, nachträglich bereit, ihren Pflichten nachzukommen, kann der Träger unter Berücksichtigung aller Umstände des Einzelfalles ab diesem Zeitpunkt wieder die für die Bedarfe nach § 22 zu erbringenden Leistungen gewähren.

...

Der **Wegfall** des Arbeitslosengeldes II erfasst

- den Regelbedarf (§ 20 SGB II)
- die Mehrbedarfe (§ 21 SGB II)
- die Bedarfe für Unterkunft und Heizung (§ 22 SGB II).

Nicht erfasst sind die **Sonderbedarfe** nach §§ 24 und 28 SGB II (§ 19 Abs. 1 Satz 3 SGB II).

Der **vorangegangene Sanktionsbescheid muss bekanntgegeben** sein; Bestandskraft ist nicht erforderlich. Liegt keine Bestandskraft vor, ist die Rechtmäßigkeit des vorherigen Bescheides inzident zu prüfen. Liegt Bestandskraft vor, ist das Vorbringen des Leistungsberechtigten ggf. als Überprüfungsantrag nach § 44 SGB X zu werten.

Die wiederholte Pflichtverletzung muss **innerhalb eines Jahres** seit Beginn des vorangegangenen Sanktionszeitraums eingetreten sein; auf den Zeitpunkt der vorangegangenen Pflichtverletzung kommt es nicht an. Die Frist ist zu berechnen nach § 26 Abs. 1 SGB X i. V. m. §§ 187 Abs. 2 Satz 1 und 188 Abs. 2 BGB.

Erklärt sich der Leistungsberechtigte **nachträglich bereit**, seine **Pflichten zu erfüllen**, kann das Jobcenter die Sanktion auf die zweite Stufe begrenzen; bei unter 25-Jährigen auf die erste Stufe.

Eine formelhafte Absichtserklärung genügt nicht; die Erklärung muss den Rückschluss erlauben, dass der Leistungsberechtigte künftig seine Pflichten erfüllen wird. Eine Form ist für die Erklärung nicht vorgeschrieben. Erklärt sich der Leistungsberechtigte nicht schriftlich, empfiehlt sich eine Verhandlungsniederschrift.

Das Jobcenter entscheidet nach pflichtgemäßem **Ermessen**. Hierbei sind z. B. zu berücksichtigen:

- die persönliche und wirtschaftliche Situation des Leistungsberechtigten

- sein Verhalten in der Vergangenheit

- die Gründe seines Verhaltens

- drohende Obdachlosigkeit.

Rechtsprechung:

LSG Berlin-Brandenburg, Beschluss vom 12.05.2006, L 10 B 191/06 AS ER:
„Des Weiteren erscheint es äußerst fraglich, ob es sich bei der Ablehnung aller dem Ast. am gleichen Tag (24. Mai 2005) unterbreiteter Arbeitsangebote als Call-Center-Agent um wiederholte Pflichtverletzungen im Sinne von § 31 Abs. 3 Satz 1 SGB II gehandelt hat, mit der Folge, dass nach Erlass des ersten Absenkungsbescheides (hier vom 10. oder 11. August 2005) weitere Minderungen auszusprechen waren. Der vorliegende Sachverhalt spricht vielmehr dafür, dass die **gleichzeitige Übermittlung mehrerer – alternativer – Arbeitsangebote für eine bestimmte berufliche Tätigkeit** (Call-Center-Agent) **als Einheit zu betrachten** ist, und damit nur **eine Pflichtverletzung** auslösen kann, insbesondere wenn ... die Ablehnung der Angebote aus den gleichen Gründen erfolgte... Zudem entspricht die Vorgehensweise ..., bei einem Sachverhalt wie dem vorliegenden für jedes einzelne abgelehnte Arbeitsangebot aufeinander folgende Absenkungsbescheide zu erlassen, nicht Sinn und Zweck der Regelung des § 31 SGB II... Die in § 31 SGB II vorgesehenen wiederholbaren Sanktionen sollen erzieherisch auf den erwerbsfähigen Hilfebedürftigen einwirken, der sich beharrlich weigert, seine Arbeitskraft zur Selbsthilfe (Beseitigung bzw. Minimierung der Hilfebedürftigkeit) einzusetzen... Von einer beharrlichen Weigerung kann in der Regel nur bei zeitlich aufeinander folgenden Pflichtverletzungen gesprochen werden, bei denen erneut vom Hilfebedürftigen die Weigerung zum Ausdruck gebracht wird, seine Arbeitskraft zur Sicherung des Lebensunterhaltes einzusetzen."

LSG Nordrhein-Westfalen, Beschluss vom 24.09.2007, L 20 B 169/07 AS ER:
„Eine **"wiederholte Pflichtverletzung"** mit entsprechender Sanktionenschärfe soll nach einer verbreiteten Ansicht mit Rücksicht auf eine "edukatorische", eine Verhaltensänderung bezweckende Wirkung der Absenkung in der ersten Stufe ... nur und **erst dann** vorliegen, **wenn das erste Sanktionsereignis bereits festgestellt ist**...; mehrfache Pflichtverletzungen vor der Sanktionierung des ersten Verstoßes, an den angeknüpft wird, könnten daher nicht mehr jeweils gesondert parallel sanktioniert werden. Die Progression der Absenkungsfolgen bzw. –sätze bei wiederholten Pflichtverletzungen lasse zudem für mehrfache Pflichtverletzungen innerhalb kurzer Zeit das Bedürfnis entfallen, die Absenkungskumulation nicht von einer bereits erfolgten Absenkung abhängig zu machen... Diese Überlegung ist jedenfalls bei summarischer Prüfung schon mit Rücksicht auf das verfassungsrechtliche **Übermaßverbot** nicht von der Hand zu weisen."

LSG Bayern, Beschluss vom 22.08.2008, L 7 B 604/08 AS PKH:
„Des weiteren ist eine "wiederholte" Pflichtverletzung im Sinn von § 31 Abs. 3 Satz 1 SGB II gegeben. Die beiden relevanten Pflichtverletzungen - einerseits die **unterlassene Vorstellung beim Arbeitsvermittler** entgegen der Eingliederungsvereinbarung, andererseits die **Nichtteilnahme am Kurs des bfz** C-

Stadt - sind **nicht als Einheit zu betrachten**... Andererseits bejaht der Senat eine Wiederholung im Sinn einer "**Typengleichheit**" der Verstöße... Die "Typengleichheit" ergibt sich allein daraus, dass auch die **vorangegangene Pflichtverletzung von § 31 Abs. 1 SGB II erfasst** war. Alle darin genannten Tatbestände zeichnen sich dadurch aus, dass sie - den Hilfesuchenden zurechenbare - unzureichende Eingliederungsbemühungen sanktionieren. Nicht notwendig erscheint im Regelfall, die Verletzungen diesbezüglich einer konkreten Betrachtung zu unterziehen. So spielt keine Rolle, dass ein Meldeverstoß prinzipiell in § 31 Abs. 2 SGB II geregelt ist und nur über die Eingliederungsvereinbarung dem Reglement des § 31 Abs. 1 SGB II unterworfen wurde. Die Weigerung der Bf., an dem Kurs des bfz C-Stadt teilzunehmen, liegt innerhalb des Jahreszeitraums des § 31 Abs. 3 Satz 4 SGB II."

LSG Nordrhein-Westfalen, Beschluss vom 23.11.2009, L 19 B 262/09 AS:
„Es ist ... umstritten, ob der Absenkungstatbestand der wiederholten Pflichtverletzung nur dann erfüllt ist, wenn ein Leistungsberechtigter **nach Erlass eines Sanktionsbescheides** trotz Belehrung über die Rechtsfolgen erneut gegen eine Verpflichtung aus § 31 Abs. 1 oder Abs. 2 SGB II verstößt... Selbst wenn der Auffassung gefolgt wird, dass die Annahme einer wiederholten Pflichtverletzung keinen vorausgehenden Absenkungsbescheid voraussetzt, ist der Absenkungstatbestand des § 31 Abs. 5 Satz 2, Abs. 1 Satz 1 Nr. 2 SGB II vorliegend nicht gegeben, da die Rechtsfolgenbelehrung in der Eingliederungsvereinbarung nicht den Anforderungen an eine ordnungsgemäße Rechtsfolgenbelehrung ... entspricht..."

BSG, Urteil vom 09.11.2010, B 4 AS 27/10 R:
„Zu einer (weiteren) Absenkung des Alg II bei wiederholten Meldeversäumnissen i. S. des § 31 Abs. 3 Satz 3 SGB II mit einem jeweils erhöhten Absenkungsbetrag bedarf es einer **vorangegangenen** entsprechenden **Feststellung eines ggf. weiteren Meldeversäumnisses mit einem Absenkungsbetrag der niedrigeren Stufe**. Zwar ergibt sich dies nicht bereits aus dem Wortlaut der Vorschrift; jedoch sprechen der systematische Zusammenhang sowie der Sinn und Zweck der Regelung dafür, eine jeweils (weitere) wiederholte Pflichtverletzung mit einem erhöhten Absenkungsbetrag nur dann anzunehmen, wenn eine vorangegangene Pflichtverletzung jeweils mit einem **Absenkungsbescheid** der niedrigeren Stufe sanktioniert und dem Hilfebedürftigen zugestellt worden ist...
Die Sanktionierung durch Festlegung eines erhöhten Absenkungsbetrags soll erst greifen, wenn dem Hilfebedürftigen durch den vorangegangenen Sanktionsbescheid mit einer Minderung des Sanktionsbetrags in der niedrigeren Stufe die Konsequenzen seines Verhaltens vor Augen geführt worden sind.
... Bereits der Wortlaut des § 31 Abs. 3 Satz 3 SGB II spricht gegen eine zeitgleiche Minderung durch mehrere parallele Absenkungsbescheide bei weiteren Meldepflichtverletzungen innerhalb eines bereits laufenden Sanktionszeitraums, weil er von einer einheitlichen Minderung, nicht jedoch von

mehrfachen Absenkungen des Alg II wegen wiederholter Meldeversäumnisse ausgeht. ... Auch in den Gesetzesmaterialien wird von dem Konzept einer Minderung um "zusätzliche" Beträge, nicht jedoch von einer Kumulation von Absenkungsbescheiden ausgegangen..."

LSG Nordrhein-Westfalen, Beschluss vom 27.05.2013, L 19 AS 434/13 B ER:
„Die Anzahl der nachzuweisenden Bewerbungsbemühungen ist nicht zu beanstanden... Die im Gegenzug vom Antragsgegner übernommene Verpflichtung ... steht in einem **ausgewogenen Verhältnis** zu den Pflichten des Antragstellers... Unzutreffend ist dagegen der ... Hinweis, bei **Überschneidung von Sanktionszeiträumen** würden die Minderungsbeträge addiert. Ist innerhalb eines laufenden Sanktionszeitraumes eine weitere Obliegenheitsverletzung gegeben, wird die vorangegangene Absenkungsstufe nicht um die nächste Absenkungsstufe durch "parallele Absenkungsbescheide" ergänzt, sondern von dieser - ... mit der **neuen erhöhten Sanktionsstufe** – abgelöst... Zum Zeitpunkt des sanktionsauslösenden Verhaltens des Antragstellers war daher - durch den Bescheid vom 18.10.2012 - alleine eine Sanktion auf der ersten Stufe um monatlich 30 % des maßgeblichen Regelbedarfes festgestellt, nicht dagegen die Sanktion auf der zweiten Stufe durch Bescheid vom 29.11.2012. Dieser Bescheid folgte dem sanktionierten Verhalten vielmehr nach, da der Antragsteller nach dem Inhalt der Eingliederungsvereinbarung vom 27.08.2012 die Nachweise seiner Bewerbungsbemühungen in den jeweils abgelaufenen Monaten am ersten Öffnungstag des jeweiligen (neuen) Monats vorzulegen hatte. Eine Sanktionierung auf der dritten Stufe ... war unter diesen Umständen nicht zulässig."

8.2 Besonderheiten bei Personen unter 25 Jahren

§ 31a SGB II Rechtsfolgen bei Pflichtverletzungen

...

(2) Bei erwerbsfähigen Leistungsberechtigten, die das 25. Lebensjahr noch nicht vollendet haben, ist das Arbeitslosengeld II bei einer Pflichtverletzung nach § 31 auf die für die Bedarfe nach § 22 zu erbringenden Leistungen beschränkt. Bei wiederholter Pflichtverletzung nach § 31 entfällt das Arbeitslosengeld II vollständig. Absatz 1 Satz 4 und 5 gilt entsprechend. Erklären sich erwerbsfähige Leistungsberechtigte, die das 25. Lebensjahr noch nicht vollendet haben, nachträglich bereit, ihren Pflichten nachzukommen, kann der Träger unter Berücksichtigung aller Umstände des Einzelfalles ab diesem Zeitpunkt wieder die für die Bedarfe nach § 22 zu erbringenden Leistungen gewähren.
...

§ 31b SGB II Beginn und Dauer der Minderung

(1) Der Auszahlungsanspruch mindert sich mit Beginn des Kalendermonats, der auf das Wirksamwerden des Verwaltungsaktes folgt, der die Pflichtverletzung und den Umfang der Minderung der Leistung feststellt. In den Fällen des § 31 Absatz 2 Nummer 3 tritt die Minderung mit Beginn der Sperrzeit oder mit dem Erlöschen des Anspruchs nach dem Dritten Buch ein. Der Minderungszeitraum beträgt drei Monate. Bei erwerbsfähigen Leistungsberechtigten, die das 25. Lebensjahr noch nicht vollendet haben, kann der Träger die Minderung des Auszahlungsanspruchs in Höhe der Bedarfe nach den §§ 20 und 21 unter Berücksichtigung aller Umstände des Einzelfalls auf sechs Wochen verkürzen. Die Feststellung der Minderung ist nur innerhalb von sechs Monaten ab dem Zeitpunkt der Pflichtverletzung zulässig.
...

Mit der Sonderregelung für erwerbsfähige Leistungsberechtigte will der Gesetzgeber der **Langzeitarbeitslosigkeit bei jungen Menschen** von vornherein **entgegenwirken**.

Maßgebend ist das Alter des Leistungsberechtigten am Tag der Pflichtverletzung.

Die Sonderregelung erfasst **nur Pflichtverletzungen nach § 31 SGB II**; bei Meldeversäumnissen unterscheidet der Gesetzgeber nicht nach dem Alter des Leistungsberechtigten.

Das Jobcenter kann bei unter 25-Jährigen den **Sanktionszeitraum auf 6 Wochen verkürzen**. Diese Flexibilisierung der Dauer des Sanktionszeitraumes ermöglicht eine angemessene Reaktion auf die Lage der betroffenen Person. Das Jobcenter muss **Ermessen** ausüben und hierbei alle **Umstände des Einzelfalles** berücksichtigen:

- Art und Umstände des Pflichtverstoßes
- Grad des Verschuldens
- Alter
- Einsichtsfähigkeit
- Verhalten nach dem Pflichtverstoß
- Wirkungen bei unverkürzter Sanktionsdauer auf die Integrationsfähigkeit und -bereitschaft
- Erster oder wiederholter Pflichtverstoß

Die **Ermessensentscheidung** über die Verkürzung ist mit der Entscheidung über die Minderung zu verbinden. Ermessensfehler führen zur Rechtswidrigkeit des gesamten Sanktionsbescheides. Das Jobcenter kann sein Ermessen auch noch im Widerspruchsbescheid ausüben.

Das Jobcenter muss die maßgeblichen Vorgänge in der Akte **dokumentieren**. Geschieht das nicht oder unzureichend, lässt sich in Eilverfahren nicht die Rechtmäßigkeit des Sanktionsbescheides prüfen. Dies geht in der Regel zu Lasten des Jobcenters.

Das **Sozialgeld** nicht erwerbsfähiger Leistungsberechtigter mindert sich nach § 31a Abs. 1 SGB II – unabhängig vom Alter. Hier gelten also keine verschärften Regeln für Personen unter 25 Jahren.

Rechtsprechung:

SG Hamburg, Beschluss vom 08.09.2006, S 56 AS 1727/06 ER:
„Ist mangels ausreichender Belehrung die Anwendung des § 31 Abs. 5 SGB II vorliegend **ausgeschlossen**, so kommt allein **eine Sanktion** in Form einer Absenkung der Regelleistung um 30 vom Hundert **nach § 31 Abs. 1 SGB II**, auf den § 31 Abs. 4 SGB II verweist, **in Betracht**. Der Rückgriff auf die Rechtsfolge des § 31 Abs. 1 SGB II steht der Antragsgegnerin auch bei unter 25-jährigen Hilfebedürftigen offen. Zwar wird auch vertreten, dass § 31 Abs. 5 SGB II die Rechtsfolgen von Pflichtverletzungen junger Hilfebedürftiger speziell und abschließend regelt und deshalb bei Fehlen der spezifischen Rechtsfolgenbelehrung ein Rückgriff auf die Sanktion nach § 31 Abs. 1 SGB ausgeschlossen ist... Die Kammer vermag sich dieser Ansicht jedoch nicht anzuschließen... Der Wortlaut des § 31 Abs. 5 SGB II der Norm schließt einen solchen Rückgriff nicht aus. ... Der Regelung des § 31 Abs. 5 SGB II liegt der gesetzgeberische Wille zugrunde, jüngere Hilfebedürftige schärfer zu sanktionieren... Ein Ausschluss des Rückgriffs auf § 31 Abs. 1 und 4 SGB II bei Fehlen einer spezifischen Rechtsfolgenbelehrung würde diesem Ziel zuwiderlaufen. Für den Fall, dass die Voraussetzungen für eine Sanktion nach § 31 Abs. 4 Nr. 1 und 3 SGB II erfüllt sind, aber keine Rechtsfolgenbelehrung erfolgte, hätte er nämlich zur Folge, dass bei identischem Verhalten der unter 25-jährige Hilfebedürftige keinerlei Sanktionen ausgesetzt würde, der über 25-Jährige hingegen eine Absenkung der Regelleistung um 30 vom Hundert hinzunehmen hätte..."

LSG Nordrhein-Westfalen, Beschluss vom 17.11.2006, L 19 B 75/06 AS ER:
„Entgegen der vom Sozialgericht ... vertretenen Auffassung beschränken sich die Sanktionsfolgen nach § 31 Abs. 5 und 6 SGB II nicht darauf, dass dem Antragsteller Regelleistungen nach § 20 SGB II zwar nicht zu erbringen sind, wohl jedoch die bislang zustehende Leistung für Unterkunft und Heizung nach § 22 SGB II; einer über den Wortlaut der Vorschrift hinausgehenden Ermächtigung für die Nichtauszahlung auch der Leistungen nach § 22 SGB II bedarf es nicht. Denn § 31 Abs. 5 Satz 1 SGB II beschreibt zwar die Sanktionsfolge für den Personenkreis der unter 25-Jährigen dahin, das Arbeitslosengeld II sei "auf die Leistungen nach § 22 beschränkt". Die Vorschrift enthält dagegen keinerlei Aussage, dass die allgemeinen Vorschriften, insbesondere die Norm über die Anrechnung von Erwerbseinkommen nach § 11 SGB II, nicht gelten soll. **Auch nach Eintritt der verschärften Sanktionswirkung** nach §§ 31 Abs. 5,6 SGB II **ist** daher **Erwerbseinkommen** nach Maßgabe von § 11 SGB II **anzurechnen**..."

LSG Nordrhein-Westfalen, Beschluss vom 13.12.2007, L 7 B 269/07 AS ER:
„Der Senat konnte sich im einstweiligen Rechtsschutzverfahren **nicht** davon überzeugen, dass die durch § 31 Abs. 5 und 6 SGB II ausgesprochene Sanktion in diesem konkreten Fall **zu verfassungswidrigen Ergebnissen** führt...

Denn die Gesetzgebung hat für junge erwerbsfähige Hilfebedürftige zwischen 15 und 25 Jahren in § 31 SGB II schärfere Sanktionen vorgesehen, um bei ihnen "von vornherein der Langzeitarbeitslosigkeit entgegenzuwirken"... In der Gesetzesbegründung wird darauf hingewiesen, dass die Bundesregierung arbeitslose Jugendliche hinsichtlich ihres Einstieges in Beschäftigung und Qualifizierung besonders fördert. Dieser staatlichen Verpflichtung zur Beschäftigung jugendlicher Menschen auf der einen Seite stünden die schärferen Sanktionsregelungen des § 31 SGB II auf der anderen Seite gegenüber jungen erwerbsfähigen Hilfebedürftigen gegenüber... **Bei jungen erwerbsfähigen Hilfebedürftigen** ist damit der **Grundsatz des "Forderns" besonders ausgeprägt.** Dass dieses Ziel durch die seitens der Gesetzgebung für geeignet und erforderlich angesehene Maßnahme der "schärferen" Sanktionierung junger erwerbsfähiger Hilfebedürftiger nicht zu erreichen ist, vermochte der Senat im einstweiligen Rechtsschutzverfahren nicht zu erkennen. Hierbei ist maßgeblich zu berücksichtigten, dass die Gesetzgebung insbesondere bei der Einschätzung der Erforderlichkeit bei sozialpolitischen Ausnahmen über einen Beurteilungs- sowie Prognosespielraum verfügt... Einer unverhältnismäßigen Belastung junger erwerbsfähiger Hilfebedürftiger begegnet überdies die Regelung des § 31 Abs. 6 Satz 3 SGB II. Denn danach kann der Grundsicherungsträger die Absenkung und den Wegfall der Regelleistung unter Berücksichtigung aller Umstände des Einzelfalls auf sechs Wochen verkürzen. Im konkreten Fall ... ist darüber hinaus zu berücksichtigen, dass die Antragsgegnerin ... Wertgutscheine(n) in Höhe von monatlich 146 Euro an den Antragsteller erbracht hat... Der Antragsteller hat nicht vorgetragen, dass bei ihm ein konkreter Bedarf nach dieser Gewährung der Wertgutscheine weiterhin ungedeckt geblieben ist."

LSG Berlin-Brandenburg, Beschluss vom 13.10.2008, L 25 B 1835/08 AS ER:
„Nach § 31 Abs. 6 S. 3 SGB II kann der Träger bei erwerbsfähigen Hilfebedürftigen, die das 15. Lebensjahr, jedoch nicht das 25. Lebensjahr vollendet haben, die **Absenkung** unter Berücksichtigung aller Umstände des Einzelfalls **auf sechs Wochen verkürzen**. Da nach der Formulierung der Vorschrift ("kann") dem Träger ein ungebundenes Ermessen hinsichtlich der Abkürzung des Sanktionszeitraums eröffnet ist, hat die oder der erwerbsfähige Hilfebedürftige nur dann einen Anspruch auf Abkürzung, wenn das Ermessen aufgrund der Besonderheiten des Einzelfalls dahin reduziert ist, dass sich allein die Vornahme der Verkürzung als rechtmäßig erweist. Zu den hierbei zu berücksichtigenden Umständen gehören **Art und Umstände des Pflichtenverstoßes**, der **Grad des Verschuldens, Alter und Einsichtsfähigkeit** der oder des jungen Hilfebedürftigen, das **Verhalten nach dem Pflichtverstoß, die Wirkungen**, die bei unverkürzter Sanktionsdauer **auf die Integrationsfähigkeit und -bereitschaft** der oder des jungen Hilfebedürftigen zu erwarten sind, sowie, ob es sich um einen wiederholten Pflichtenverstoß handelt...
Dies zugrunde gelegt ... **gebietet** die besondere **Lebenssituation** der Antragstellerin, die unter anderem durch die **Alleinerziehung ihres vier Jahre**

alten Sohnes geprägt ist, eine **Verkürzung**. Zum einen erscheint der **Sanktionszweck** bereits mit einer sechswöchigen Absenkung **erreicht**. Zum anderen würde eine über sechs Wochen dauernde Sanktion die Integrationsfähigkeit und -bereitschaft der Antragstellerin gefährden, die sich aufgrund einer weiteren Eingliederungsvereinbarung ... verpflichtete, unmittelbar anschließend eine berufsvorbereitende Maßnahme ("Kombiangebot Grüne Welle") zu durchlaufen. Eine **über sechswöchige Sanktion steht** nach Auffassung des Senats einer erfolgreichen **Durchführung der anschließenden Maßnahme entgegen**. Sie würde neuerliche Pflichtenverstöße der Antragstellerin hervorrufen, die wiederum zu neuerlichen Sanktionen führen würden, ohne dass etwas für die Eingliederung der Antragstellerin erreicht wäre."

LSG Hessen, Beschluss vom 30.09.2011, L 7 AS 614/10 B ER:
„...die persönliche Entwicklung der Antragstellerin (**stationärer Aufenthalt wegen seelischer Probleme** und **Drogenabusus** von Dezember 2006 bis Juni 2007, die frühe **Mutterschaft als Minderjährige**, der Status als **Alleinerziehende**) bietet gewisse Anhaltspunkte dafür, dass sie auch neben einer halbschichtigen Arbeitsgelegenheit ihrer elterlichen **Erziehungsverantwortung** nicht gewachsen sein kann. ... Insoweit hat der Antragsgegner im Rahmen seiner Ermessensbetätigung eine **Verkürzung auf sechs Wochen** nur davon abhängig gemacht, dass die Antragstellerin "eine sozialversicherungspflichtige Erwerbstätigkeit, Ausbildung oder Praktikum mit Option auf eine Festanstellung aufnimmt, bzw. sich verpflichtet, bei der Ausbildungs- bzw. Arbeitssuche verantwortungsbewusst und zielorientiert mitzuwirken, d.h. notwendige Unterlagen ggf. ordentlich zu erstellen, unverzüglich vorzulegen und zu Terminen diesbezüglich pünktlich und angemessen zu erscheinen; sich entsprechend zu engagieren, d.h. insbesondere pünktlich und angemessen zu erscheinen sowie die übertragenen Aufgaben sorgfältig, gewissenhaft und zügig zu erledigen."
Es bleibt schon fraglich, was genau der wiedergegebene Passus im Bescheid verfügen soll. Eine Auflage nach § 32 Abs. 2 Nr. 4 SGB X enthält er nicht, weil zunächst die Absenkung für drei Monate verfügt ist. Am ehesten lässt sich darin eine Bedingung nach § 31 Abs. 2 Nr. 2 SGB X erkennen, unter der die Verkürzung auf sechs Wochen erfolgen soll. Die Bedingung ist jedoch weder zeitlich noch inhaltlich hinreichend bestimmt. Eine fehlerfreie Ermessensbetätigung dürfte damit nicht erfolgt sein. Der Absenkungsbescheid ist schon deshalb wahrscheinlich rechtswidrig, soweit die Absenkung für mehr als sechs Wochen verfügt ist. ... Besteht für die Verfügung der Absenkung und der Erbringung von Sach- bzw. geldwerten Leistungen nicht im selben Zeitpunkt **Entscheidungsreife**, darf der Leistungsträger eine Entscheidung im gestuften Verfahren treffen, wenn die ergänzenden Leistungen noch rechtzeitig zu Beginn des Senkungszeitraumes erbracht werden können und der Leistungsträger auf die ergänzenden Leistungen im Absenkungsbescheid ausdrücklich in einer Form hinweist, die ... ihn in hinreichend verständlicher Weise über seine Leistungsansprüche informiert."

8.3 Sachleistungen und geldwerte Leistungen

§ 31a SGB II Rechtsfolgen bei Pflichtverletzungen

...

(3) Bei einer Minderung des Arbeitslosengeldes II um mehr als 30 Prozent des nach § 20 maßgebenden Regelbedarfs kann der Träger auf Antrag in angemessenem Umfang ergänzende Sachleistungen oder geldwerte Leistungen erbringen. Der Träger hat Leistungen nach Satz 1 zu erbringen, wenn Leistungsberechtigte mit minderjährigen Kindern in einem Haushalt leben. Bei einer Minderung des Arbeitslosengeldes II um mindestens 60 Prozent des für den erwerbsfähigen Leistungsberechtigten nach § 20 maßgebenden Regelbedarfs soll das Arbeitslosengeld II, soweit es für den Bedarf für Unterkunft und Heizung nach § 22 Absatz 1 erbracht wird, an den Vermieter oder andere Empfangsberechtigte gezahlt werden.

...

Ergänzende Sachleistungen und geldwerte Leistungen sind bereits dann zu prüfen, wenn eine Minderung wegen einer Pflichtverletzung nach § 31 SGB II und eine Minderung wegen eines Meldeversäumnisses zusammentreffen.

Sach- und geldwerte Leistungen setzen einen **Antrag** des Leistungsberechtigten voraus. Der Antrag ist an keine Form gebunden; es genügt bereits die Äußerung des Leistungsberechtigten, den Lebensunterhalt nicht sicherstellen zu können. Das Jobcenter muss ggf. auf einen Antrag hinwirken.

Sach- und geldwerte Leistungen stehen im **Ermessen** des Jobcenters. Das gilt auch hinsichtlich der **Höhe** der Leistungen, denn hierzu schweigt der Gesetzgeber. Eine pauschale Begrenzung auf Leistungen für Ernährung sowie Hygiene und Körperpflege ist bedenklich und kann leicht in ein Ermessensdefizit führen.

Zu berücksichtigen sind i. d. R. Leistungen für Nahrung, alkoholfreie Getränke, Gesundheitspflege, Bildung sowie sog. andere Waren und

Dienstleistungen nach § 5 Regelbedarfsermittlungsgesetz. In Betracht kommen auch Sachleistungen zum Ausgleich von Mehrbedarfen, vor allem bei Ernährung und Schwangerschaft.

Nicht zu berücksichtigen sind jedoch Ausgaben für Bekleidung und Schuhe sowie für Innenausstattung und Haushaltsgeräte, weil sie nicht jeden Monat anfallen und von der Anschaffungsrücklage umfasst sind.

Auch für die soziale Teilhabe sind grundsätzlich keine Sachleistungen zu gewähren. Hierzu zählen Ausgaben für Verkehr, Nachrichtenübermittlung, Freizeit, Unterhaltung, Kultur sowie Beherbungs- und Gaststättendienstleistungen.

Bei der **Ermessensausübung** zu berücksichtigen sind z. B.

- die persönliche und wirtschaftliche Situation des Leistungsberechtigten (anrechnungsfreies Einkommen, Schonvermögen...)

- Art und Schwere der Pflichtverletzung

- das Recht auf Sicherung des Existenzminimums

- Dauer und Umfang bisheriger Minderungen und hierdurch erzielte Wirkungen

- der Krankenversicherungsschutz.

Lebt der Leistungsberechtigte mit minderjährigen **Kindern** in einem **Haushalt**, muss das Jobcenter in angemessenem Umfang ergänzende Sachleistungen oder geldwerte Leistungen erbringen. Eine Bedarfsgemeinschaft muss nicht bestehen. Entgegen dem Wortlaut des Gesetzes genügt bereits ein Kind. Dies trägt dem Grundsatz familiengerechter Hilfe Rechnung und dem Wächteramt des Staates (Art. 6 Abs. 2 Satz 2 GG).

Rechtsprechung:

LSG Berlin-Brandenburg, Beschluss vom 27.11.2006, L 18 B 941/06 AS ER:
„Schließlich ist die ... Verwaltungsentscheidung des Antragsgegners über eine Absenkung um insgesamt 40 v.H. auch im Hinblick auf § 31 Abs. 3 Satz 3 SGB II rechtsfehlerhaft ergangen. Denn der Antragsgegner hätte wegen der Absenkung der Regelleistung um mehr als 30 v.H. zugleich nach pflichtgemäßem **Ermessen** darüber entscheiden müssen, ob in angemessenem Umfang **ergänzende Sachleistungen oder geldwerte Leistungen** an den Antragsteller zu erbringen sind."

BSG, Urteil vom 29.04.2015, B 14 AS 19/14 R:
„Überschreitet die Minderung infolge mehrerer Meldeversäumnisse den Wert von 30 vH, hat das Jobcenter ... nach pflichtgemäßem **Ermessen** darüber zu entscheiden, ob und inwieweit in angemessenem Umfang **Sachleistungen** oder geldwerte Leistungen zu erbringen sind... Soweit auf dieser Grundlage Sachleistungen erbracht werden, genügt das den verfassungsrechtlichen Anforderungen jedenfalls grundsätzlich..., ohne dass über Voraussetzungen und etwaige Grenzen eines solchen Ausgleichs im Einzelnen hier abschließend zu entscheiden wäre.
Erreicht die Minderung diesen Wert nicht, ist ausgehend von den in die Ermittlung des Regelbedarfs gemäß § 5 Regelbedarfsermittlungsgesetz eingeflossenen Abteilungen der **Verbrauchsausgaben** zu beachten, dass nicht dem **physischen Existenzminimum**, sondern der **sozialen Teilhabe** zuzuordnen sind etwa die Abteilungen 7 (Verkehr mit 22,78 Euro), 8 (Nachrichtenübermittlung mit 31,96 Euro), 9 (Freizeit usw. mit 39,96 Euro) und 11 (Beherbergung u. a. 7,16 Euro). Zudem beziehen sich die Abteilungen 3 (Bekleidung, Schuhe mit 30,40 Euro) oder 5 (Innenausstattung usw. mit 27,41 Euro) auf **Bedarfe, die aktuell nicht jeden Monat anfallen**, sondern von der sog Anschaffungsrücklage nach § 12 Abs. 2 Satz 1 Nr. 4 SGB II umfasst sind... Die im Regelbedarf enthaltenen Beträge für soziokulturelle Bedarfe sind zwar ... keine freiverfügbare Ausgleichsmasse... Deshalb mag nicht auszuschließen sein, dass sich der Verweis auf Einsparungen in diesem Bereich in besonders gelagerten Fällen als verfassungsrechtlich bedenklich erweist. Eine solche Lage ist indes zumindest hier nicht erkennbar."

LSG Mecklenburg-Vorpommern, Urteil vom 30.08.2016, L 10 AS 200/13:
„Die dem Kläger gewährten und eingelösten **Gutscheine** stellen Leistungen **an Erfüllungsstatt** dar. Auch in Fällen der Erfüllung von Sozialleistungen ist auf die Vorschriften des BGB zurückzugreifen... Ein Schuldverhältnis erlischt, wenn die geschuldete Leistung an den Gläubiger bewirkt wird, § 362 Abs. 1 BGB. Es erlischt gemäß § 364 Abs. 1 BGB auch, wenn der Gläubiger eine andere als die geschuldete Leistung an Erfüllungsstatt annimmt. Die Leistung als Sachleistung mittels Gutscheinen ist auch rechtmäßig. Sie basierte auf § 31 Abs. 3 Satz 6 SGB II... Diese Lebensmittelgutscheine dienen

aber teilweise demselben Zweck wie die Regelleistung und sollen diese insoweit teilweise „ersetzen". Dienen mithin beide Leistungen ... demselben Zweck, so handelt es sich um eine lediglich abweichende Leistungsform, die aber gerade zu Gunsten des Betroffenen ... ergeht... Dem Kläger sind die Lebensmittelgutscheine mehrfach auf sein Begehren hin ausgehändigt worden. Er hat diese auch in voller Höhe eingelöst. Ihm musste bewusst sein, dass mit diesen Gutscheinen teilweise die durch die Regelleistung abgedeckten Bedürfnisse erfüllt werden, damit sein Existenzminimum abgesichert wird. Mithin hat er diese Gutscheine an Erfüllungsstatt gemäß § 364 Abs. 1 BGB angenommen. Mit dieser Annahme an Erfüllungsstatt ist der **Zahlungsanspruch aus den Bewilligungsbescheide**n insoweit **erloschen**... Die Erfüllungswirkung ist auch nicht dadurch gehindert, dass der Kläger unter **Betreuung** stand. ... Damit hat eine Zahlung an den Betreuten keine Erfüllungswirkung, soweit diese nicht mit Einwilligung des Betreuers erfolgt... Eine solche **Einwilligung** liegt hier aber vor."

8.4 Kranken- und Pflegeversicherung

§ 5 SGB V Versicherungspflicht

(1) <u>Versicherungspflichtig sind</u>
...

2a.
<u>Personen in der Zeit, für die sie Arbeitslosengeld II</u> nach dem Zweiten Buch <u>beziehen</u>, es sei denn, dass diese Leistung nur darlehensweise gewährt wird oder nur Leistungen nach § 24 Absatz 3 Satz 1 des Zweiten Buches bezogen werden; dies gilt auch, wenn die Entscheidung, die zum Bezug der Leistung geführt hat, rückwirkend aufgehoben oder die Leistung zurückgefordert oder zurückgezahlt worden ist,
...

13.
<u>Personen, die keinen anderweitigen Anspruch auf Absicherung im Krankheitsfall haben und</u>
a)
<u>zuletzt gesetzlich krankenversichert waren</u> oder
<u>b)</u>
bisher nicht gesetzlich oder privat krankenversichert waren, es sei denn, dass sie zu den in Absatz 5 oder den in § 6 Abs. 1 oder 2 genannten Personen gehören oder bei Ausübung ihrer beruflichen Tätigkeit im Inland gehört hätten.
...

(5a) Nach Absatz 1 Nr. 2a ist nicht versicherungspflichtig, wer zuletzt vor dem Bezug von Arbeitslosengeld II privat krankenversichert war oder weder gesetzlich noch privat krankenversichert war und zu den in Absatz 5 oder den in § 6 Abs. 1 oder 2 genannten Personen gehört oder bei Ausübung seiner beruflichen Tätigkeit im Inland gehört hätte. Satz 1 gilt nicht für Personen, die am 31. Dezember 2008 nach § 5 Abs. 1 Nr. 2a versicherungspflichtig waren, für die Dauer ihrer Hilfebedürftigkeit. Personen nach Satz 1 sind nicht nach § 10 versichert. Personen nach Satz 1, die am 31. Dezember 2015 die Voraussetzungen des § 10 erfüllt haben, sind ab dem 1. Januar 2016 versicherungspflichtig nach Absatz 1 Nummer 2a, solange sie diese Voraussetzungen erfüllen.

§ 20 SGB XI Versicherungspflicht in der sozialen Pflegeversicherung für Mitglieder der gesetzlichen Krankenversicherung

(1) <u>Versicherungspflichtig in der sozialen Pflegeversicherung sind die versicherungspflichtigen Mitglieder der gesetzlichen Krankenversicherung</u>. Dies sind:
...

2a.
<u>Personen in der Zeit, für die sie Arbeitslosengeld II</u> nach dem Zweiten Buch <u>beziehen</u>, auch wenn die Entscheidung, die zum Bezug der Leistung geführt hat, rückwirkend aufgehoben oder die Leistung zurückgefordert oder zurückgezahlt worden ist, es sei denn, dass diese Leistung nur darlehensweise gewährt wird oder nur Leistungen nach § 24 Absatz 3 Satz 1 des Zweiten Buches bezogen werden,
...

12.
Personen, die, weil sie bisher keinen Anspruch auf Absicherung im Krankheitsfall hatten, nach § 5 Abs. 1 Nr. 13 des Fünften Buches oder nach § 2 Abs. 1 Nr. 7 des Zweiten Gesetzes über die Krankenversicherung der Landwirte der Krankenversicherungspflicht unterliegen.

Mit dem Ende des Leistungsbezuges endet der **Kranken- und Pflegeversicherungsschutz** nach § 5 Abs. 1 Nr. 2a SGB V und § 20 Abs. 1 Nr. 2a SGB XI. Allerdings besteht dann Versicherungspflicht nach § 5 Abs. 1 Nr. 13 SGB V und § 20 Abs. 1 Nr. 12 SGB XI; der Leistungsberechtigte muss die Beiträge jedoch selbst tragen.

Erbringt das Jobcenter Sach- oder geldwerte Leistungen, bleibt der Versicherungsschutz bestehen. Und der Bund zahlt dann auch weiterhin die Beiträge zur Kranken- und Pflegeversicherung.

9. Beginn und Dauer der Minderung

§ 31b SGB II Beginn und Dauer der Minderung

(1) Der Auszahlungsanspruch mindert sich mit <u>Beginn des Kalendermonats, der auf das Wirksamwerden des Verwaltungsaktes folgt</u>, der die Pflichtverletzung und den Umfang der Minderung der Leistung feststellt. In den Fällen des § 31 Absatz 2 Nummer 3 tritt die Minderung mit Beginn der Sperrzeit oder mit dem Erlöschen des Anspruchs nach dem Dritten Buch ein. Der <u>Minderungszeitraum</u> beträgt <u>drei Monate</u>. Bei erwerbsfähigen Leistungsberechtigten, die das 25. Lebensjahr noch nicht vollendet haben, kann der Träger die Minderung des Auszahlungsanspruchs in Höhe der Bedarfe nach den §§ 20 und 21 unter Berücksichtigung aller Umstände des Einzelfalls auf sechs Wochen verkürzen. Die Feststellung der Minderung ist nur innerhalb von sechs Monaten ab dem Zeitpunkt der Pflichtverletzung zulässig.

(2) Während der Minderung des Auszahlungsanspruchs besteht kein Anspruch auf ergänzende Hilfe zum Lebensunterhalt nach den Vorschriften des Zwölften Buches.

Die Minderung beginnt mit dem **Anfang des Kalendermonats**, der auf das Wirksamwerden des Sanktionsbescheides folgt. Der Bescheid wird wirksam mit seiner **Bekanntgabe**.

Der **Minderungszeitraum beträgt grundsätzlich drei Monate**. Das Jobcenter kann die Minderung bei unter 25-Jährigen auf sechs Wochen verkürzen. Vor allem wenn Wohnungslosigkeit droht, muss das Jobcenter die Verkürzung sorgfältig prüfen. Näheres hierzu siehe Seite 94. Auch im Fall einer Sperrzeit von weniger als 12 Wochen dauert die Minderung drei Monate.

Der Sanktionsbescheid muss inhaltlich hinreichend bestimmt sein. Das heißt, der Verfügungssatz muss den Betroffenen in die Lage versetzen, sein Verhalten daran auszurichten.

Das Jobcenter muss die Minderung **innerhalb von sechs Monaten** ab dem Zeitpunkt der (vollendeten) Pflichtverletzung feststellen. Maßgeblich ist die Bekanntgabe des Sanktionsbescheides (§ 40 Abs. 1 SGB II i. V. m. § 37 SGB X).

Trotz der Sechs-Monats-Frist muss das Jobcenter über eine Minderung zügig entscheiden (§ 40 Abs. 1 SGB II i. V. m. § 9 SGB X). Das Jobcenter muss den Sachverhalt so schnell wie möglich ermitteln, erfassen und bewerten. Erlässt das Jobcenter einen Sanktionsbescheid nach Fristablauf, führt das zur Rechtswidrigkeit, nicht zur Nichtigkeit.

Der Anspruch auf Leistungen zur Sicherung des Lebensunterhalts nach dem SGB II schließt **Leistungen nach dem Dritten Kapitel des SGB XII** aus (§ 5 Abs. 2 SGB II, § 21 SGB XII). Das gilt auch während der Minderung des Auszahlungsanspruchs; § 31b Abs. 2 SGB II stellt dies ausdrücklich klar. Der Ausschluss bezieht sich aber nicht auf Leistungen außerhalb des dritten Kapitels; Leistungen in sonstigen Lebenslagen (§ 73 SGB XII) und Bestattungskosten (§ 74 SGB XII) bleiben zum Beispiel möglich.

Im Hinblick auf das Grundrecht auf Sicherung des Existenzminimums muss der Ausschluss von Leistungen zur Sicherung des Lebensunterhalts zu einer großzügigen Auslegung der Frage führen, ob das Jobcenter ergänzende **Sachleistungen oder geldwerte Leistungen** erbringt.

Rechtsprechung:

LSG Niedersachsen-Bremen, Urteil vom 03.04.2017, L 11 AS 19/17:
„Nachdem die BA den Eintritt der zuletzt **sechswöchigen Sperrzeit** nach §§ 148, 159 SGB III bestandskräftig festgestellt hat ... sind sämtliche Tatbestandsvoraussetzungen für eine Minderung des Anspruchs auf Regelbedarfe ... erfüllt. ...der **Minderungszeitraum** *(beträgt)* **drei Monate** und nicht lediglich sechs Wochen. ... Der Wortlaut des § 31b Abs. 1 Satz 3 SGB II ... lässt es nach keiner juristischen Auslegungsmethode zu, andere Sanktionszeiträume festzusetzen (außer für unter 25-jährige Hilfeempfänger...) Schließlich hat der Gesetzgeber ... die Sanktionsdauer nicht etwa nur regelhaft auf drei Monate festgelegt (mit der Möglichkeit der Abweichung in Einzelfällen), sondern er hat für Hilfeempfänger, die das 25. Lebensjahr vollendet haben, einen starren Dreimonatszeitraum vorgeschrieben. Der Gesetzgeber hat somit gerade keine Deckung von Sperrzeitdauer einerseits (ein bis zwölf Wochen, vgl. § 159 Abs. 3 bis 6 SGB III) und Sanktionszeitraum andererseits (drei Monate) angestrebt. ... Es sind keinerlei Anhaltspunkte dafür ersichtlich, dass dem Gesetzgeber die unterschiedliche Dauer von Sperrzeiten einerseits und von SGB II-Sanktionen andererseits nicht hinreichend bekannt gewesen sein könnte, es also im Gesetzgebungsverfahren zu einem Versehen gekommen sein könnte. ... Gegen den Dreimonatszeitraum des § 31b Abs. 1 Satz 3 SGB II bestehen auch keine verfassungsrechtlichen Bedenken."

10. Verständlichkeit

Die Anforderungen sind hoch, die das Recht an Sanktionsbescheide stellt. Alle Regeln richtig zu beachten und anzuwenden, ist oft schwierig und kompliziert.

Dennoch muss der Bürger den Verwaltungsakt verstehen und erkennen können, was die Behörde von ihm will und warum sie so und nicht anders entschieden hat.

Um dies zu erreichen, müssen wir uns zunächst bewusst machen, dass die mangelnde Allgemeinverständlichkeit von Verwaltungsakten nicht zwingend „in der Natur der Sache" liegt. Wer sein Handwerk beherrscht, kann sein Wissen in aller Regel auch verständlich und unkompliziert darstellen.

Ursächlich für unverständliches „Amtsdeutsch" ist vermutlich eher eine *unterentwickelte Kommunikationsfähigkeit* der Autoren und ein Stück *Imponiergehabe* der Fachleute.

Die hohe Kunst, komplizierte Dinge verständlich darzustellen, setzt vor allem eine **einfache**, **gegliederte** und **kurze** Schreibweise voraus.

10.1 Einfachheit

Wenn im allgemeinen Sprachgebrauch von Verständlichkeit die Rede ist, ist vor allem Einfachheit gemeint. Gefordert sind **kurze Sätze**, **bekannte Wörter** und **anschauliche Formulierungen**. Zu vermeiden sind vor allem verschachtelte Satzkonstruktionen und die häufige Verwendung von Fremd- und Fachwörtern. Soweit sich diese nicht vermeiden lassen, sollten wir sie allgemein verständlich erläutern.

10.2 Gliederung/Ordnung

Dieser Aspekt betrifft nicht die Art der Formulierung (Einfachheit), sondern den Aufbau des Gesamttextes; seine Bedeutung wächst mit der Länge des Textes.

Sorgen Sie dafür, dass der Leser sich zurechtfindet und die Übersicht behält. Dies erreichen Sie durch *äußere Übersichtlichkeit* (Gliederung) und *innere Folgerichtigkeit* (Ordnung).

Die Übersichtlichkeit verbessern Sie z. B. durch **Absätze, Überschriften, Strichaufzählungen, Zeichensetzung** und das **Hervorheben** wichtiger Stellen.

Folgerichtigkeit setzt vor allem einen **logischen** und **geordneten Aufbau** voraus. Die Sätze sollen nach einem erkennbaren Ordnungsprinzip aufeinander folgen.

10.3 Kürze/Prägnanz

Sicher lassen sich Kürze und Prägnanz auch übertreiben, z. B. durch einen Telegrammstil. Zumeist besteht jedoch eher die Gefahr, dass Schreiben zur lustvollen Selbstdarstellung wird – und deshalb ausufert.

Sehr beliebt sind Themaabweichungen, Wiederholungen und das „Breittreten" von Nebensächlichkeiten. Gefordert ist eine Darstellung, die sich **auf das Wesentliche beschränkt** und die **viele Informationen mit wenigen Worten** enthält.

10.4 Beispiele

„Amtsdeutsch"-Version:
„Es wird empfohlen, dass man stets mit äußerster Bedachtnahme und Umsicht auf alle sichtbaren und unsichtbaren Umfeldfaktoren reagieren und die Gesamtheit der möglichen Vorfälle in Erwägung ziehen solle, bevor man eine aktive mit Konsequenzen behaftete Handlung zu setzen erwägt."

Verständliche Version:
„Erst denken, dann handeln."

„Amtsdeutsch"-Version:
„Jene Fälle, die als eher selten, also wohl zu vernachlässigend und nicht als Grundlage etwaiger Erwartungshaltungen einzustufen sind,

können nichtsdestotrotz als Bestätigung für andere Fälle dienen, die häufig auftreten und daher vorhersehbarer Natur sind."

Verständliche Version:
„Ausnahmen bestätigen die Regel."

10.5 Weitere Erkenntnisse der Verständlichkeitsforschung

Geizen Sie mit Wörtern

Schreiben Sie nicht:	sondern:
zu einem späteren Zeitpunkt	später
unter Zuhilfenahme von	mit
zur Auszahlung bringen	zahlen
einer Prüfung unterziehen	prüfen
wie im heutigen Termin gemeinsam besprochen	wie heute besprochen
Hinweis: Sofern nach Aufnahme des geförderten Arbeitsverhältnisses eine Aufgabe der Arbeit erfolgt und Leistungen zur Sicherung des Lebensunterhalts begehrt werden, ist seitens des Jobcenters eine Sanktion nach § 31 Abs. 2 Nr. 4 SGB II zu prüfen.	Das Jobcenter muss eine Sanktion prüfen, wenn Sie die Arbeit wieder aufgeben sollten und dann Arbeitslosengeld II beantragen (§ 31 Abs. 2 Nr. 4 SGB II).

Geizen Sie mit Silben

„... die neun Silben der Problemlösungsaktivitäten demaskieren einen Schwafler, der vermutlich noch nie ein Problem gelöst hat."
Wolf Schneider

Schreiben Sie nicht:	sondern:
Aufgabenstellung	Aufgabe
Zielsetzung	Ziel
einsparen	sparen
Fragestellung	Frage
Bewerbungsaktivitäten	Bewerbungen

Wählen Sie treffende Wörter

„Der Unterschied zwischen dem richtigen und einem beinahe richtigen Wort ist derselbe wie zwischen dem Blitz und einem Glühwürmchen." Mark Twain

Wer die Aufmerksamkeit des Lesers wecken und wach halten will, muss besonders, konkret und bestimmt schreiben. Und wer dem Bestimmtheitsgrundsatz Genüge tun will, muss es auch.

Schreiben Sie nicht:	sondern:
Eine Periode widrigen Wetters	Eine Woche lang Regen
Welche Absatzwege gibt es im Gartenbau?	Wo kann der Gärtner seine Ware verkaufen?
Er nahm ein ebenso opulentes wie luxuriöses Mahl zu sich.	Er aß ein Pfund Beluga-Kaviar und spülte ihn hinunter mit zwei Flaschen Dom Perignon.
Ich lege dem Jobcenter regelmäßig nach Ende eines Moduls eine Teilnahmebescheinigung vor.	Ich lege dem Jobcenter jeweils innerhalb von 5 Arbeitstagen nach Ende eines Moduls eine Teilnahmebescheinigung vor.

Schreiben Sie Verben statt Nomen

„Wo immer man die Wahl zwischen zwei Wortgattungen hat, wähle man das Verb, das Wort der Tätigkeit, der Aktion, der Tat, des prallen Lebens."
Wolf Schneider

Verben sind fast immer anschaulicher, schlanker, bewegter als Nomen. Nicht: die Kunst der Verständlichkeit des Schreibens, sondern: die Kunst, verständlich zu schreiben.

Der Nominalstil ist der sicherste Weg, Argwohn, Misstrauen und Widerspruch zu erzeugen.

Schreiben Sie nicht:	sondern:
Ich stelle einen Antrag auf	Ich beantrage
Nach erfolgter Ankunft und Besichtigung der Verhältnisse war mir die Erringung des Sieges möglich.	Ich kam, sah und siegte.
Zur Identifikation und Durchführung geeigneter Maßnahmen zur Erhöhung meiner Einkünfte aus meiner hauptberuflichen Selbständigkeit nehme ich vom...	Ich will die Einkünfte aus meiner Selbständigkeit erhöhen. Deshalb...

Aktiv statt Passiv

„Der Unterschied zwischen Aktiv und Passiv ist der Unterschied zwischen Leben und Tod."
William Zinsser

Das Passiv wirkt künstlich und mindert i. d. R. die Verständlichkeit. Dennoch ist das Passiv ein Lieblingsinstrument der Bürokratie („Sie werden dringend ersucht...", „Es wird angeordnet...").

Schreiben Sie nicht:	sondern:
Ihr Antrag wird abgelehnt.	Ich lehne Ihren Antrag ab.
Wenn der Antrag von dem gesetzlichen Vertreter oder mit dessen Zustimmung gestellt wird, ...	Wenn der gesetzliche Vertreter den Antrag stellt oder ihm zustimmt, ...
Es werden nur Kosten erstattet, die tatsächlich entstanden sind und von Ihnen nachgewiesen werden.	Das Jobcenter erstattet nur tatsächliche Kosten, die Sie nachweisen.

Schreiben Sie geradeaus

Das heißt: verwenden Sie einen linearen Satzbau.

Schreiben Sie Hauptsätze. Und schreiben Sie Hauptsätze mit *angehängtem* Nebensatz. Meiden Sie Schachtelsätze.

Schreiben Sie nicht:	sondern:
Die von Ihnen im letzten Brief, datiert auf den 19.08.2016, vorgebrachten, aber nicht ausführlich begründeten Beschwerden...	In Ihrem Schreiben vom 19. August 2016 bringen Sie Beschwerden vor, die Sie nicht ausführlich begründet haben. (neuer Satz)
Da hinsichtlich Ihrer beruflichen Leistungsfähigkeit eine Minderleistung vorliegt und dadurch Ihre Eingliederungschancen auf dem allgemeinen Arbeitsmarkt erschwert sind, unterstützt das Jobcenter Ihre Eingliederungsbemühungen durch einen Eingliederungszuschuss an den potenziellen Arbeitgeber nach Maßgabe des § 16 Abs. 1 SGB II i. V. m. §§ 88 ff. SGB III.	Das Jobcenter unterstützt Ihre Eingliederung mit einem Eingliederungszuschuss, weil Ihre Leistungsfähigkeit gemindert ist (§ 16 Abs. 1 SGB II i. V. m. §§ 88 ff. SGB III).

Schreiben Sie nicht:	sondern:
Ihr oben genanntes Schreiben, in dem Sie ausführen, dass ..., habe ich dankend erhalten. Ich lehne Ihren Antrag auf Freistellung von der Rückzahlungsverpflichtung ab dem 01.03.2017 ab.	Ich lehne Ihren Antrag ab, Sie vom 1. März 2017 an von der Rückzahlungspflicht freizustellen.

Subjekt vor Objekt

Missverständnisse entstehen häufig aus der unbedachten Platzierung des Objekts. Das Objekt steht grundsätzlich hinter dem Subjekt.

Schreiben Sie nicht:	sondern:
Den Briefträger beißt der Hund.	Der Hund beißt den Briefträger.
Die Karten sind von dem Bürgermeister zu bestellen.	Der Bürgermeister muss die Karten bestellen.
Die Kosten Ihrer Teilnahme an einer Maßnahme zur Beratung und Kenntnisvermittlung beim Träger XY in A-Stadt im Umfang von 1.900 € für die Zeit vom 01.01.2017 bis 31.03.2017 übernimmt das Jobcenter.	Das Jobcenter übernimmt die Kosten Ihrer Teilnahme an der Maßnahme…

Von dieser Grundregel dürfen Sie abweichen, wenn der Satz schneller verstanden wird; wenn das Objekt die Aufmerksamkeit auf sich ziehen soll: „Mit dem Objekt darf ein Satz nur in begründeten Ausnahmefällen anfangen." „Auskunft erteilen die Leistungssachbearbeiter der Geschäftsstellen des Jobcenters in A-Stadt und B-Dorf."

Zur Vertiefung empfehle ich vor allem „Deutsch für Profis" von Wolf Schneider, dem ich auch einige der hier genannten Beispiele verdanke.

Kernaussagen der Rechtsprechung zur Verständlichkeit:

LSG Berlin-Brandenburg, Beschluss vom 12.07.2007, L 28 B 1087/07 AS ER:
„Mit dem Bescheid vom 25. September 2006 hat der Antragsgegner eine monatliche **Absenkung** des Arbeitslosengeldes II für die Zeit vom 1. Oktober 2006 bis zum 31. Dezember 2006 "um 30 % der Regelleistung", höchstens jedoch in Höhe des dem Antragsteller zustehenden "Gesamtauszahlungsbetrages", "maximal" aber "in Höhe von 104,00 EUR monatlich", verfügt. ... Der **Umfang der Kürzung muss** .. konkret und **unmissverständlich ...** dem Bescheid zu entnehmen sein."

BSG, Urteil vom 27.02.2008, B 14/7b AS 70/06 R:
„Unabhängig von der Rechtmäßigkeit der **Kostensenkungsaufforderung** können die Grundsicherungsträger im Rahmen des Sozialrechtsverhältnisses ggf. auch gehalten sein, für ihren Leistungsbezirk **Kriterien der Angemessenheit** von Unterkunftskosten **in allgemein verständlicher Form** darzustellen. Ob aus der Verletzung solcher allgemeiner Hinweispflichten Rechtsfolgen erwachsen können, kann hier dahinstehen. Denn die Kläger haben ersichtlich auf die Kostensenkungsaufforderung überhaupt nicht reagiert und keinerlei Bereitschaft gezeigt, in einen Diskussionsprozess über die Angemessenheit ihrer Unterkunftskosten einzutreten."

BSG, Urteil vom 16.12.2008, B 4 AS 60/07 R:
„Im Übrigen gilt ... für die **Rechtsfolgenbelehrung** inhaltlich, dass sie konkret, **verständlich**, richtig und vollständig sein muss. Nur eine derartige Belehrung vermag dem Zweck der Rechtsfolgenbelehrung - nämlich der Warn- und Steuerungsfunktion ... - zu genügen."

BSG, Urteil vom 10.12.2009, B 4 AS 30/09 R:
„Die Wirksamkeit einer .. **Rechtsfolgenbelehrung** setzt voraus, dass sie konkret, richtig und vollständig ist, **zeitnah im Zusammenhang mit dem jeweiligen Angebot** einer Arbeitsgelegenheit erfolgt, sowie dem erwerbsfähigen Hilfebedürftigen **in verständlicher Form** erläutert, welche **unmittelbaren und konkreten Auswirkungen** sich aus der Weigerung, die angebotene Arbeitsgelegenheit anzutreten, für ihn ergeben, wenn für die Weigerung kein wichtiger Grund vorliegt... **Nur eine verständliche Rechtsfolgenbelehrung kann** die mit den Sanktionen verfolgte Zweckbestimmung, **das Verhalten des Hilfebedürftigen** zu **steuern**, verwirklichen."

LSG Sachsen, Beschluss vom 23.06.2014, L 3 AS 88/12 B ER:
„Vor dem Hintergrund, dass eine in der Eingliederungsvereinbarung festgehaltene **Gegenleistung** des Erwerbsfähigen im Fall der Nichteinhaltung ...

massiv sanktioniert wird, muss diese jedenfalls **hinreichend konkret bestimmt** sein und darf nicht allgemein gehalten sein. Es muss dem Leistungsberechtigten unter Berücksichtigung seines Empfängerhorizonts auch **klar erkennbar und nachvollziehbar** sein, was von ihm gefordert wird... (Es) bestehen erhebliche Zweifel, ob dem Antragsteller eine Verletzung seiner Pflicht aus Nummer 2 der Eingliederungsvereinbarung, "Info zu 'Wegweiser 2012' wird bei Berufsförderungswerk Network e. V. eingeholt bis spätestens 31. August 2011", vorgehalten werden kann. Es ist bereits fraglich, ob dieser Regelungsteil der Eingliederungsvereinbarung in der vereinbarten Textfassung rechtmäßig ist. Denn ausweislich des Computervermerks vom 9. August 2011, dem Tag des Abschlusses der Eingliederungsvereinbarung, wurde dem Antragsteller von seiner Fallmanagerin "Infomaterial zum ESF-Projekt 'Wegweiser 2012' ausgehändigt". Wenn dies vor dem Abschluss der Eingliederungsvereinbarung geschehen sein sollte, wäre der Antragsteller – zumindest nach dem Wortlaut der Eingliederungsvereinbarung – zur Beschaffung von Informationen verpflichtet worden, die ihm der Antragsgegner selbst bereits zur Verfügung gestellt hätte. Eine sachliche Rechtfertigung zur Vereinbarung einer solchen Pflicht ist nicht zu erkennen. Wenn hingegen die Fallmanagerin das Informationsmaterial dem Antragsteller erst nach dem Abschluss der Eingliederungsvereinbarung ausgehändigt haben sollte, wäre die Regelung unter Nummer 2 der Eingliederungsvereinbarung nicht zu beanstanden. Allerdings hätte sich in diesem Fall die Verpflichtung des Antragstellers faktisch dadurch erledigt, dass nicht er sich die Unterlagen beschafft hätte, sondern sie ihm vom Antragsgegner zur Verfügung gestellt worden wären. ... Für eine Sanktion wäre die Grundlage entzogen gewesen. Auf Grund dessen wäre es in beiden Varianten unerheblich, ob der Antragsteller tatsächlich Informationen beim Berufsförderungswerk Network e. V. einholte... Denn der Sanktionsbescheid wäre bereits aus anderen Gründen rechtswidrig."

BVerfG, Beschluss vom 06.05.2016, 1 BvL 7/15:
„Dem Vorlagebeschluss ist nicht hinreichend nachvollziehbar zu entnehmen, ob die Rechtsfolgenbelehrungen ... den gesetzlichen Anforderungen des § 31 Abs. 1 Satz 1 SGB II genügen... Das gilt hier insbesondere, weil die fachgerichtliche Rechtsprechung **hohe Anforderungen** an die Art und Weise der **Rechtsfolgenbelehrung** stellt. ... Es ist auch nicht auszuschließen, dass die Art und Weise der Rechtsfolgenbelehrung und ihr Inhalt für die verfassungsrechtliche Bewertung der Sanktionsvorschriften von Bedeutung sind, weil die **Verhältnismäßigkeit einer Sanktion** mit davon abhängen kann, in welchem Maße Betroffene darüber informiert sind, was aus ihrem Verhalten folgt. ... **Richtigkeit** und **Verständlichkeit** der ... Belehrung können in Zweifel gezogen werden, da sie primär über die Minderung in Höhe von 30 % bei erstmaligem Verstoß informiert und **auf die Folgen eines wiederholten Verstoßes nur „vorsorglich" hinweist**."

Anhang I   Fälle und Lösungen

Anforderungen an den Sanktionsbescheid

Unter dem 25. September 2012 verpflichtete der Antragsgegner den Antragsteller durch einen die Eingliederungsvereinbarung ersetzenden Verwaltungsakt zur Teilnahme in Vollzeit am Aktivierungscenter ab 2. Oktober 2012 für zwölf Wochen sowie ab dem 11. Oktober 2012 mindestens fünf Bewerbungen um sozialversicherungspflichtige Beschäftigungen pro Monat bis zum 10. eines jeden Monats nachzuweisen. Die Teilnahme am Aktivierungscenter lehnte der Antragsteller unter Vorlage eines Attestes des behandelnden Orthopäden ab.
Mit dem zweiten ersetzenden Verwaltungsakt wiederholte der Antragsgegner den Inhalt des ersten mit der Maßgabe, dass der Antragsteller nun ab 21. November 2012 zur Teilnahme am Aktivierungscenter verpflichtet wurde. Der Antragsgegner stellte für die Zeit vom 1. Februar 2013 bis zum 30. April 2013 eine Minderung um 30 % des Regelbedarfes fest, weil der Antragsteller keine Nachweise über mindestens fünf Bewerbungen pro Monat vorgelegt habe. Mit einem weiteren BK-Text-Bescheid (also ohne Aufhebung) stellte der Antragsgegner für denselben Zeitraum eine weitere Minderung um 30 % des Regelsatzes fest, weil der Antragsteller die Maßnahme nicht angetreten habe.
Am 7. Februar 2013 beantragte der Antragsteller beim SG die Anordnung der aufschiebenden Wirkung seiner Widersprüche. Eine Minderung sei wegen Verstößen gegen einen ersetzenden Verwaltungsakt nicht möglich. Die Maßnahme sei aus gesundheitlichen Gründen unzumutbar; er habe bereits in der Vergangenheit an einer ähnlichen Maßnahme teilgenommen, so dass der weitere Nutzen nicht erkennbar sei. Das SG hat den Antrag abgelehnt. Hat die Beschwerde Erfolg?

<u>LSG Niedersachsen-Bremen, Beschluss vom 17.06.2013, L 7 AS 332/13 B ER:</u>

Die Beschwerde hat Erfolg. Die Aufhebung fehlt! Eine Minderung für denselben Zeitraum durch zwei Bescheide in Höhe von jeweils 30 % ist unzulässig. Es gibt keine „zweite erste Pflichtverletzung". Es fehlt eine angemessene Gegenleistung in der EGV. Das LSG hält 5 Bewerbungen während einer Vollzeitmaßnahme für unverhältnismäßig.
Siehe auch Seite 27

Mit Bescheid vom 25.03.2013 verfügte der Beklagte:
"Das Arbeitslosengeld II wird in einer weiteren Stufe um 100 % gemindert. Die Minderung umfasst nicht nur den für Sie nach § 20 SGB II maßgebenden Regelbedarf in Höhe von 382,00 EUR, sondern auch die für Sie maßgebenden Mehrbedarfe und die Bedarfe für Unterkunft und Heizung. Die Dauer beträgt 3 Monate. Es handelt sich dabei um den Zeitraum vom 01.04.2013 bis 30.06.2013."
Zur Begründung führte der Beklagte aus, der Kläger erhalte aufgrund einer Minderung von 100 % weder den Regelbedarf noch Leistungen für Unterkunft und Heizung. Grund hierfür sei das unentschuldigte Fehlen in der Maßnahme "Praxiscenter" (§ 31 Abs. 1 Nr. 3 SGB II). Der Auszahlungsanspruch mindere sich nach § 31b Abs. 1 SGB II mit Beginn des Kalendermonats, der auf die Wirksamkeit dieses Verwaltungsaktes folge. Die Rechtsfolgen des § 31b Abs. 1 S. 2 SGB II träten daher vom 01.04.2013 bis zum 30.06.2013 ein. Das Arbeitslosengeld II betrage in dieser Zeit monatlich 0,00 €.
Widerspruch und Klage blieben ohne Erfolg.
Wie wird das LSG entscheiden? Kommt ggf. eine Umdeutung in Betracht?

LSG Nordrhein-Westfalen, Urteil vom 18.01.2016, L 19 AS 411/15:

Die Berufung hatte Erfolg: Der Bescheid vollzieht sich nicht selbst. Er kann weder als förmliche Aufhebung ausgelegt noch in eine solche umgedeutet werden. Hier soll nicht ein fehlerhafter Verwaltungsakt in einen anderen Verwaltungsakt umgedeutet werden, sondern dem Verfügungssatz eine weitere Verfügung hinzugefügt werden. Diese Konstellation wird von § 43 Abs. 1 SGB X nicht erfasst. Zudem verstieße die Umdeutung gegen das Verschlechterungsverbot nach § 43 Abs. 2 S. 1 2. Alt. SGB X.
Siehe auch Seite 29

Rechtsfolgenbelehrung

Die 1986 geborene Klägerin bezog seit Juni 2005 Alg II. Im Oktober 2006 schloss sie mit der beklagten ARGE eine Eingliederungsvereinbarung, die bis April 2007 gelten sollte. Inhalt der Vereinbarung war u. a. das Angebot einer Arbeitsgelegenheit mit Mehraufwandsentschädigung im Rahmen des Projekts "Job for Junior" der Diakonie vom 1.10.2006 bis 31.1.2007. Die Vereinbarung enthielt eine Rechtsfolgenbelehrung, in der unter Umschreibung der Gesetzestexte auf Grund- und Meldepflichten des Arbeitslosen hingewiesen wurde sowie auf die Absenkung der Regelleistung bei einer Verletzung der "Grundpflichten".
Die Klägerin nahm die Arbeitsgelegenheit zunächst auf, kündigte aber mit Schreiben vom 20.12.2006 an die Beklagte an, bis zur Klärung ihrer Urlaubsansprüche nicht mehr zur Arbeit zu erscheinen. Daraufhin teilte die Beklagte der Klägerin mit Schreiben vom 4.1.2007 mit, sie sei aufgrund der Eingliederungsvereinbarung verpflichtet, die ihr zugewiesene Arbeitsgelegenheit auszuführen, eine Niederlegung der Arbeitsgelegenheit müsse als unentschuldigtes Fehlen gewertet werden und werde zur Kürzung ihres Leistungsanspruchs führen. Nachdem die Klägerin im Januar 2007 unentschuldigt gefehlt hatte, beschränkte die Beklagte vom 1.3. bis 31.5.2007 die Grundsicherungsleistungen.
Das SG hat der hiergegen gerichteten Klage stattgegeben, weil die Klägerin nicht hinreichend über die Rechtsfolgen informiert worden sei, die aus der Weigerung folgten, in der Eingliederungsvereinbarung festgelegte Pflichten zu erfüllen.
Zu Recht?

<u>BSG, Urteil vom 18.02.2010, B 14 AS 53/08 R:</u>

Ja; die Rechtsfolgenbelehrung muss konkret, verständlich, richtig und vollständig sein. Erforderlich ist vor allem eine Umsetzung der in Betracht kommenden Verhaltensanweisungen und möglicher Maßnahmen auf die Verhältnisse des konkreten Einzelfalls.
Die Klägerin wurde nicht konkret über die Rechtsfolgen einer Pflichtverletzung belehrt; die Belehrung bestand im Wesentlichen nur aus einer Wiedergabe des Gesetzes.
Siehe auch Seite 35

Die Antragstellerin lebt mit ihrer am 03.11.1993 geborenen Tochter in einem Haushalt. Mit Bescheid vom 13.07.2010 senkte die Stadt E die Regelleistung der Antragstellerin um 30 % ab dem 01.08.2010 für drei Monate wegen der Weigerung des Abschlusses einer Eingliederungsvereinbarung. Mit Bescheid vom 11.08.2010 senkte die Stadt E die Regelleistung der Antragstellerin um 60 % ab dem 01.09.2010 für drei Monate wegen der Weigerung des Abschlusses einer Eingliederungsvereinbarung. Mit Bescheid vom 12.05.2011 senkte der Antragsgegner das Arbeitslosengeld II um 100 % für drei Monate wegen eines Verstoßes gegen eine Pflicht, die in dem Eingliederungsverwaltungsakt vom 21.04.2011 festgelegt wurde (Vorlage einer vollständigen Bewerbungsmappe bis zum 10.05.2011).
Dem ersetzenden Verwaltungsakt war eine Rechtsfolgenbelehrung beigefügt, nach der bei einem Verstoß gegen eine der im Verwaltungsakt festlegten Pflichten ohne wichtigen Grund die Regelleistung um 30 % für drei Monate abgesenkt wird. Ferner heißt es dort:
"Sollten Sie den vorgenannten Pflichten innerhalb eines Jahres zum wiederholten Male nicht nachkommen, wird das Arbeitslosengeld II um 60 % des für sie maßgebenden Regelbedarfs gemindert. Bei jeder weiteren wiederholten Pflichtenverletzung entfällt das Arbeitslosengeld II vollständig."
Bei den Erläuterungen des Begriffs "Verletzung gleichartiger Mitwirkungspflichten", die auch eine Absenkung um 60 % oder um 100 % im Wiederholungsfall auslösen können, ist die Weigerung des Abschlusses einer Eingliederungsvereinbarung nicht aufgeführt. Sachleistungen oder geldwerte Leistungen wurden nicht beantragt und das Jobcenter hat hierüber auch nicht entschieden.
Mit Beschluss vom 06.07.2011 ordnete das Sozialgericht die aufschiebende Wirkung der Klage an gegen den Bescheid vom 12.05.2011 in der Gestalt des Widerspruchsbescheides vom 24.05.2011.
Hat die Beschwerde des Jobcenters Erfolg?

<u>LSG Nordrhein-Westfalen, Beschluss vom 22.08.2011, L 19 AS 1299/11 B ER:</u>

Nein: Aus der Rechtsfolgenbelehrung ist nicht ersichtlich, dass ein Verstoß gegen die Pflicht „Vorlage der Bewerbungsmappe…" eine Absenkung um 100 % zur Folge hat. Das Jobcenter muss über Sachleistungen auch ohne Antrag entscheiden, wenn in der Haushaltsgemeinschaft minderjährige Kinder leben.
Siehe auch Seite 26, 37

Wichtiger Grund

Der seit Januar 2005 Leistungen nach dem SGB II beziehende Kläger kam mehrfach Meldeaufforderungen unter Vorlage von Arbeitsunfähigkeitsbescheinigungen nicht nach. Die Beklagte akzeptierte die Bescheinigungen nicht als wichtigen Grund und senkte das Alg II vom 1.6. bis 31.8.2007 monatlich um 10 % der Regelleistung. Nachdem der Kläger erneut auf Meldeaufforderungen der Beklagten mit Rechtsfolgenbelehrungen für den 9.10.2007 und 17.10.2007 nicht erschienen war, senkte die Beklagte das Alg II gesondert mit zwei Bescheiden vom 18.10.2007 für die Zeit vom 1.11.2007 bis 31.1.2008 um 20 % und 30 % der Regelleistung. Mit Bescheid vom 2.11.2007 senkte die Beklagte wegen eines Meldeversäumnisses am 24.10.2007 die Regelleistung vom 1.12.2007 bis 29.2.2008 um 40 %.

Klage und Berufung blieben ohne Erfolg. Das LSG hat zur Begründung ausgeführt, jedenfalls bei hier vorliegenden Anhaltspunkten, dass die bescheinigte Arbeitsunfähigkeit nicht gleichzeitig die Unfähigkeit zur Wahrnehmung eines Meldetermins begründe, lasse eine solche die Meldepflicht nicht entfallen. Aus den Arbeitsunfähigkeitsbescheinigungen, einer Bestätigung über einen Kontakt mit einer Arztpraxis an einem Meldetermin und sonstigen medizinischen Unterlagen ergäbe sich kein wichtiger Grund für die Meldeversäumnisse.

Mit seiner Revision rügt der Kläger eine Verletzung von § 31 SGB II. Die Sanktionierung einer wiederholten Pflichtverletzung setze voraus, dass ein erstes Sanktionsereignis bereits feststehe. Die Rechtsfolgenbelehrungen in den angefochtenen Bescheiden genügten nicht den Anforderungen, wie sie den Entscheidungen des BSG zu entnehmen seien. Die Beklagte hätte ihn in einem individuellen Schreiben konkret über die Rechtsfolgen und ihre Auffassung aufklären und belehren müssen. Auch sei eine wiederholte Pflichtverletzung nicht gegeben, weil die Meldeversäumnisse in einem gewissen Zusammenhang stünden. Bei Arbeitsunfähigkeit sei ein wichtiger Grund für das Versäumnis eines Meldetermins auch unabhängig von der Angabe der hierfür maßgebenden Gründe anzunehmen. Hat die Revision in Bezug auf den wichtigen Grund Erfolg?

BSG, Urteil vom 09.11.2010, B 4 AS 27/10 R:

Nein. Macht der Arbeitslose gesundheitliche Gründe für sein Nichterscheinen geltend, kommt als Nachweis für die Unfähigkeit, aus gesundheitlichen Gründen beim Jobcenter zu erscheinen, zwar regelmäßig die Vorlage einer Arbeitsunfähigkeitsbescheinigung in Betracht. Arbeitsunfähigkeit begründet jedoch nicht in jedem Einzelfall das gesundheitliche Unvermögen, zu einem Meldetermin zu erscheinen.
Siehe auch Seite 50, 82, 91

Die Klägerin sollte sich als Helferin in einer Reinigung bewerben. Einsatzort wäre die Industriestraße 8 in B gewesen. Die Tätigkeit sollte 40 Wochenstunden umfassen in Früh- und Spätschicht (06 – 14 Uhr oder 14 – 22 Uhr). Die Klägerin nahm die Stelle nicht an. Der potentielle Arbeitgeber gab an, die Klägerin habe die Stelle abgesagt, da sie nicht in der Wäscherei habe arbeiten wollen. Der Weg sei zu weit und sie könne nicht so lange stehen. Der Beklagte hörte die Klägerin an. Diese antwortete, da es sich um eine Schichtarbeit im Industriegebiet handele, und der letzte Bus vor 20 Uhr fahre, sei für sie die Beschäftigung zum Laufen (6 km) auch in der Winterzeit unzumutbar. Als Frau sei sie da einer Gefahr ausgesetzt. Zu später Stunde sei dort kaum ein Auto oder ein Mensch unterwegs, außer vertrauensunwürdigen Typen. Sie habe kein Fahrrad und keine anderen Fortbewegungsmittel. Sie habe nie gesagt, sie könne nicht so lange stehen.
Den Widerspruch gegen den Sanktionsbescheid nach § 31 Abs. 1 S. 1 Nr. 2 SGB II wies der Beklagte zurück: Der Fußweg zwischen Wohnung und Arbeitsstätte betrage laut Routenplaner 2,6 km. Busse verkehrten nach 20 Uhr keine mehr; die Entfernung könne jedoch zu Fuß zurückgelegt werden. Es obliege jedem Arbeitnehmer, seinen Weg zur Arbeit selbst zu organisieren. Sie hätte sich ein Fahrrad anschaffen oder mit Kollegen fahren können. Zudem müsse sie nicht jeden Tag in der Spätschicht arbeiten. Wie wird das Sozialgericht entscheiden?

SG Mainz, Urteil vom 11.04.2013, S 10 AS 1221/11:

Die Klägerin hat ohne wichtigen Grund die Aufnahme einer für sie zumutbaren Arbeit verweigert. Ihr ist zuzumuten, die Strecke von knapp

3 km zu Fuß zu bewältigen – auch im Dunkeln. Die Wege sind ausreichend beleuchtet und es existieren in der Umgebung normale Geschäfte, die auch noch nachts geöffnet sind. Im Übrigen hätte sich die Klägerin um eine Mitfahrgelegenheit bemühen können oder mit anderen Mitarbeitern einen Teil des Weges laufen können, da sie nicht als Einzige in der Spätschicht eingesetzt worden wäre.
Siehe auch Seite 50

Die Klägerin ist türkische Staatsbürgerin, lebt seit über 20 Jahren in Deutschland und bezieht fortlaufend Arbeitslosengeld II. Zur Verbesserung der Sprachkenntnisse verpflichtete der Beklagte die Klägerin zur Teilnahme an einem Integrationskurs. Da die Klägerin dieser Pflicht nicht nachkam, minderte der Beklagte die Leistungen um monatlich 105,90 €.
Gegen den Minderungsbescheid wendet sich die Klägerin. Sie leide seit Jahren an einer psychischen Erkrankung und befinde sich deswegen in Behandlung. Ihr Psychiater attestierte u. a. eine ausgeprägte depressive Stimmung, Schlafstörungen, Freudlosigkeit, innere Unruhe und sozialen Rückzug. Die amtsärztliche Untersuchung ergab, dass allenfalls eine leichtgradige psychische Erkrankung vorläge, die durchaus mit der Teilnahme an einem Integrationskurs vereinbar sei. Der Umfang der psychischen Erkrankung konnte durch die Amtsärztin nicht abschließend geklärt werden wegen der unüberbrückbaren sprachlichen Barriere.
Liegt eine Pflichtverletzung vor?
Und wenn ja, hat die Klägerin einen wichtigen Grund für ihr Verhalten?

<u>SG Köln, Urteil vom 06.03.2015, S 6 AS 2728/14:</u>

Die Klägerin hat ihre Pflicht aus dem Eingliederungsverwaltungsakt verletzt.
Die psychische Erkrankung ist kein wichtiger Grund; es war der Klägerin zuzumuten, wenigstens zu versuchen, am Kurs teilzunehmen.
Siehe auch Seite 51

Sonstige Voraussetzungen nach § 31 SGB II (Eingliederungsvereinbarung, zumutbare Arbeit etc.)

Der Antragsteller wendet sich gegen eine Sanktion wegen nicht nachgewiesener Bewerbungsbemühungen. Die Sanktion stützt sich auf einen Eingliederungsverwaltungsakt, der die Übernahme der „angemessenen" Kosten für Bewerbungen zusagt, „sofern Sie diese zuvor beantragen".
Die Erstattung von Reisekosten für Vorstellungstermine macht der Verwaltungsakt davon abhängig, dass der Antragsteller den Antragsgegner vorher über den Vorstellungstermin informiert. Der Antragsteller wird ferner verpflichtet, sich innerhalb von drei Tagen auf alle Stellenangebote des Jobcenters oder der Arbeitsagentur zu bewerben. Zudem verpflichtet das Jobcenter den Antragsteller, Arbeitgebern eine kostenlose Probearbeit mit dem Ziel der Festeinstellung anzubieten oder eine Praktikumsstelle (betriebliche Trainingsmaßnahme) anzunehmen.
Wie ist dieser Sachverhalt zu bewerten?

<u>LSG Hessen, Beschluss vom 16.01.2014, L 9 AS 846/13 B ER:</u>

Der Eingliederungsverwaltungsakt ist nicht hinreichend bestimmt. Unklar ist, zu welchem Zeitpunkt ein Antrag spätestens gestellt werden muss. Die Zumutbarkeit einer Tätigkeit betrifft den Einzelfall und kann nicht Regelungsgegenstand eines Eingliederungsverwaltungsaktes sein. Die Verpflichtung, sich innerhalb von 3 Tagen auf alle Stellenangebote zu bewerben, lässt nicht erkennen, in welchem Umfang Bewerbungen verlangt werden; sie enthält nicht einmal eine Obergrenze der Bemühungen.
Fraglich ist auch, ob das Jobcenter eine kostenlose Probearbeit oder die Aufnahme einer Praktikumsstelle verlangen darf.
Siehe auch Seite 70

Mit Eingliederungsverwaltungsakt vom 06.11.2013 verpflichtete der Antragsgegner den Antragsteller, sich um eine sozialversicherungspflichtige Beschäftigung zu bemühen und monatlich sechs Bewerbungen nachzuweisen. Als Nachweis für eine schriftliche Bewerbung gelte sein Bewerbungsschreiben oder das Antwortschreiben des Arbeitgebers.
Im Dezember 2013 legte der Antragsteller seine Bewerbungsnachweise für den Monat November vor. Die Bewerbungsschreiben hatte er in großen Teilen geschwärzt, so dass der Antragsgegner nicht prüfen konnte, ob es sich um Bewerbungen handelt, die auf die Aufnahme einer Beschäftigung zielten. Der Antragsgegner minderte daraufhin das Arbeitslosengeld II nach §§ 31 Abs. 1 Nr. 1, 31a, 31b SGB II.
Dagegen wendet sich der Antragsteller. Er habe 11 Bewerbungen vorgelegt, sei aber nicht verpflichtet, die Bewerbungsschreiben in ihrem kompletten Wortlaut offenzulegen. Es verstoße gegen sein verfassungsrechtlich geschütztes Recht auf informationelle Selbstbestimmung, wenn er genötigt werde, schützenswerte persönliche Daten preiszugeben. Der Widerspruch blieb ohne Erfolg.
Wie wird das Sozialgericht entscheiden?

<u>SG Köln, Beschluss vom 11.04.2014, S 30 AS 1154/14 ER:</u>

Das SG hat den Antrag abgelehnt. Es liegt eine Pflichtverletzung vor, da der Antragsteller Bewerbungsbemühungen nicht nachgewiesen hat; er ist verpflichtet, die Bewerbungsschreiben in der Gänze vorzulegen.
Der Antragsteller kann auch nicht damit gehört werden, diese Pflicht sei mit seinem Recht auf informationelle Selbstbestimmung nicht zu vereinbaren. Die Pflicht, sich um die Aufnahme einer Erwerbstätigkeit zu bemühen, dient Gemeinwohlbelangen von erheblicher Bedeutung. Der Grundsicherungsempfänger beantragt staatliche Fürsorgeleistungen, die ihm ohne jede Gegenleistung nur auf Grund seiner Hilfebedürftigkeit gewährt werden. Dem Staat muss es daher erlaubt sein, staatliche Fürsorge an den Nachweis bestimmter Eigenbemühungen zu knüpfen. Diesem Schutz der Allgemeinheit steht ein vergleichsweise geringer Eingriff gegenüber.
Siehe auch Seite 71

Der 1977 geborene, alleinstehende Kläger bezog vom Beklagten Alg II. Die Beteiligten schlossen Eingliederungsvereinbarungen, nach denen der Kläger zu mindestens zehn Bewerbungen pro Monat verpflichtet war und diese an einem Stichtag nachweisen musste. Der Beklagte bot als Unterstützungsleistungen zur Beschäftigungsaufnahme "Mobilitätshilfen, weitere Leistungen, ESG" an, sofern die gesetzlichen Voraussetzungen erfüllt sind und zuvor eine gesonderte Antragstellung erfolgt; eine Regelung zur Erstattung von Bewerbungskosten enthielten die Eingliederungsvereinbarungen nicht. In ihnen wurde darauf hingewiesen, jede weitere wiederholte Pflichtverletzung werde zum vollständigen Entfall des Alg II führen. In den drei hier maßgeblichen Monatszeiträumen erfüllte der Kläger seine Pflicht zu den Eigenbemühungen nicht, ohne hierfür einen wichtigen Grund nachgewiesen zu haben. Der Beklagte stellte durch Bescheide fest, dass wegen der weiteren wiederholten Pflichtverletzungen das Alg II für drei Monate vollständig entfällt. Der Kläger erhielt in diesen Monaten Lebensmittelgutscheine. Das SG hob die Sanktionsbescheide auf, weil die Eingliederungsvereinbarungen nichtig seien. Das LSG wies die Berufungen zurück: Zwar seien die Eingliederungsvereinbarungen nicht insgesamt nichtig, bei einer Inhaltskontrolle ihrer Formularklauseln nach § 61 Satz 2 SGB X i. V. m. § 307 BGB erweise sich die Zahl der Bewerbungen als unwirksam, weil ihr keine konkrete Vereinbarung einer Kostenerstattung gegenüberstehe. Die Eingliederungsvereinbarungen könnten daher nicht Grundlage von Sanktionsentscheidungen sein.

Mit seinen Revisionen macht der Beklagte geltend, die Eingliederungsvereinbarungen seien weder nichtig noch unterlägen sie einer Inhaltskontrolle. Die Verpflichtungen zu Eigenbemühungen seien auch bei einer Inhaltskontrolle nicht unwirksam, denn die Erstattung von Bewerbungskosten sei bereits gesetzlich geregelt und müsse deshalb nicht zum Inhalt einer Eingliederungsvereinbarung gemacht werden.

Hat die Revision Erfolg?

<u>BSG, Urteil vom 23.06.2016, B 14 AS 30/15 R:</u>

Nein. Die Eingliederungsvereinbarungen sind nichtig, weil das Jobcenter die Leistungsgrundsätze nicht beachtet hat; individuelle, konkrete und verbindliche Leistungsangebote zur Eingliederung fehlen.

Das BSG spricht sogar von Formenmissbrauch. Die Eingliederungsvereinbarungen sind auch nichtig, weil das Jobcenter sich unzulässige Gegenleistungen versprechen ließ.

Siehe auch Seite 73

Sonstige Voraussetzungen nach § 32 SGB II
(Meldeaufforderung, Untersuchung)

Zwischen den Beteiligten ist eine Absenkung des Arbeitslosengeldes II wegen eines wiederholten Meldeversäumnisses strittig. Der Antragsteller sei in der Außenstelle gewesen, habe allerdings nicht mit dem Sachbearbeiter in dessen Zimmer gehen wollen. Er könne wegen einer von ihm gegen seinen persönlichen Ansprechpartner gestellten Strafanzeige mit diesem nicht mehr in Kontakt treten. Ein persönliches Gespräch ohne Zeugen sei zu gefährlich. Einen Beistand habe er in der kurzen Zeit nicht auftreiben können. Sein Widerspruch gegen die Meldeaufforderung sei ignoriert worden. Außerdem habe er Hausverbot in allen Gebäuden der Antragsgegnerin. Die Ablehnung eines Gesprächs unter vier Augen sei kein Meldeversäumnis.
Hat der Antragsteller mit der Vorsprache im Eingangsbereich des Dienstgebäudes seine Meldepflicht erfüllt?

<u>LSG Bayern, Beschluss vom 26.04.2010, L 7 AS 212/10 B ER:</u>

Nein. Der Antragsteller muss sich bei der in der Meldeaufforderung bezeichneten Stelle melden. In der Meldeaufforderung wurde das Zimmer des zuständigen Sachbearbeiters benannt. Eine Meldung nur im Gebäude verbunden mit der Weigerung, den zuständigen Sachbearbeiter aufzusuchen, erfüllt den Zweck der Meldeaufforderung nicht. § 13 Abs. 4 SGB X berechtigt zwar grundsätzlich dazu, zu Verhandlungen und Besprechungen mit einem Beistand zu erscheinen; daraus entsteht aber kein Recht und kein wichtiger Grund, eine Meldeaufforderung nicht wahrzunehmen, wenn ein derartiger Begleiter nicht zur Verfügung steht. Der Antragsteller trägt vor, er könne wegen einer Strafanzeige gegen seinen persönlichen Ansprechpartner nicht mehr mit ihm in Kontakt treten. Wenn das so wäre, könnte ein Hilfeempfänger jeden Meldetermin auch durch eine völlig substanzlose Strafanzeige ausheblen.
Siehe auch Seite 81

Die Klägerin bezog vom beklagten Jobcenter seit 2009 Leistungen zur Sicherung des Lebensunterhalts, zuletzt bewilligt vom 1.9.2011 bis zum 29.2.2012. U. a. zum 24.10.2011 lud der Beklagte die Klägerin zu einer Besprechung ihres Bewerberangebots und ihrer beruflichen Situation in seine Dienststelle. Nachdem die Klägerin dem nicht nachgekommen war, hörte der Beklagte sie an und stellte ein Meldeversäumnis sowie eine Minderung ihres Alg II um 10 % ihres Regelbedarfs vom 1.12.2011 bis zum 29.2.2012 fest (Bescheid vom 17.11.2011, Widerspruchsbescheid vom 7.12.2011). Weitere solche Einladungen ergingen zum 4., 11., 21., 25.11. und 7. sowie 12.12.2011. Anschließend erfolgte jeweils eine Anhörung sowie ein Bescheid und ein Widerspruchsbescheid über die Feststellung eines Meldeversäumnisses und eine Minderung des Alg II für Zeiträume vom 1.12.2011 bis zum 30.4.2012.

Die Klagen waren vor dem SG zum Teil erfolgreich, vor dem LSG jedoch alle nicht. Die Klägerin sei zu allen Terminen, zu denen sie ordnungsgemäß eingeladen worden sei, ohne wichtigen Grund nicht erschienen. Die Meldetermine hätten einem zulässigen Zweck gedient, und die "Einladungsdichte" sei nicht unverhältnismäßig gewesen. Die Addition von Minderungen aufgrund von Meldeversäumnissen sehe § 32 SGB II ausdrücklich vor. Nach der ab 1.4.2011 geltenden Rechtslage müsste vor Eintritt eines zweiten Meldeversäumnisses kein erstes Meldeversäumnis durch Bescheid festgestellt worden sein. Wegen der Höhe der Minderungen habe der Beklagte die Klägerin auf die Möglichkeit hingewiesen, ergänzende Sach- oder geldwerte Leistungen zu beantragen.

In ihren Revisionen rügt die Klägerin eine Verletzung von §§ 31b, 32 SGB II. Auch nach der neuen Rechtslage erfordere die Feststellung einer weiteren Minderung für denselben Zeitraum die vorherige Feststellung der ersten Minderung ("Warnfunktion"), weil es andernfalls bei knapper Terminsetzung zur Verhängung einer Vielzahl von Minderungen für denselben Zeitraum kommen könne. Haben die Revisionen Erfolg?

BSG, Urteil vom 29.04.2015, B 14 AS 19/14 R:

Die Revisionen haben zum Teil Erfolg. Aufgrund der Abfolge der sieben Meldeaufforderungen innerhalb von acht Wochen sind die Bescheide vom 14.12.2011, 15.12.2011, 2.1.2012 und 3.1.2012 rechtswidrig. Die Rechtswidrigkeit folgt nicht aus der "Einladungsdichte" als solche. Die Abfolge von siebenmal derselben Meldeaufforderung mit denselben Zwecken in nahezu wöchentlichem Abstand verstößt jedoch gegen die vor einer Meldeaufforderung notwendige Ermessensausübung wegen einer Ermessensunterschreitung, weil relevante Ermessensgesichtspunkte nicht berücksichtigt worden sind.

Nach der dritten gleichlautenden Meldeaufforderung mit demselben Ergebnis der Nichtwahrnehmung des Termins hätte der Beklagte nicht in der bisherigen Weise fortfahren dürfen.

Siehe auch Seite 28, 83, 100

Wiederholte Pflichtverletzung

In der EGV vom 27.08.2012 verpflichtete sich der Antragsteller zu monatlich mindestens zehn Bewerbungen. Die EGV enthält eine Rechtsfolgenbelehrung, in der detailliert und unter Angabe des jeweiligen Absenkungsbetrages auf die Sanktionen bei Pflichtverstößen bis hin zum Wegfall des Anspruchs hingewiesen wird. Enthalten ist auch der Hinweis, bei Überschneidung von Sanktionszeiträumen würden die Minderungsbeträge addiert. Der Antragsteller legte nur wenige Nachweise vor, er habe im Rahmen seines 400 € - Jobs keine Zeit gehabt, Bewerbungen zu schreiben. Mit Bescheid vom 18.10.2012 stellte der Antragsgegner wegen unterbliebenen Nachweises von Bewerbungen im September 2012 eine Minderung des Alg II um monatlich 30 % des maßgebenden Regelbedarfes für die Zeit vom 01.11.2012 bis 31.01.2013 fest, mit Bescheid vom 29.11.2012 eine Minderung um 60 % im Zeitraum vom 01.01.2013 bis 31.03.2013 wegen unterbliebenen Nachweises von Bewerbungen im Oktober 2012. Mit Bescheid vom 23.01.2013 stellte der Antragsgegner für die Zeit vom 01.02.2013 bis 30.04.2013 einen Wegfall der Ansprüche fest, wegen unterbliebener Nachweise von Eigenbemühungen im November 2012.
Der Antragsteller hält die Sanktionen für unverhältnismäßig. Es fehle eine korrekte Rechtsfolgenbelehrung. Die Bezugnahme auf die EGV genüge nicht, vielmehr sei eine Rechtsfolgenbelehrung bezüglich des möglichen Eintritts einer Sanktion notwendig. Auch habe er im Dezember 2012 zehn Bewerbungen eingereicht. Das SG hat den Antrag auf Anordnung der aufschiebenden Wirkung des Widerspruchs gegen den Bescheid vom 23.01.2013 abgelehnt. Wie wird das LSG entscheiden?

<u>LSG NRW, Beschluss vom 27.05.2013, L 19 AS 434/13 B ER:</u>

10 Bewerbungen sind zumutbar. Der Antragsteller hat keinen wichtigen Grund, z. B. eine Einstellungszusage. Falsch ist der Hinweis, bei Überschneidung von Sanktionszeiträumen addierten sich die Minderungsbeträge. Bei einer weiteren Pflichtverletzung innerhalb des laufenden Sanktionszeitraumes wird die vorangegangene Absenkungsstufe nicht um die nächste Stufe durch "parallele Bescheide" ergänzt, sondern von der neuen erhöhten Sanktionsstufe abgelöst.
Eine Sanktionierung auf der dritten Stufe war nicht zulässig; zum Zeitpunkt des monierten Verhaltens (Eigenbemühungen im November) war nur die Sanktion der ersten Stufe festgestellt.
Siehe auch Seite 92

Besonderheiten bei unter 25-Jährigen

Nach § 31b Abs. 1 S. 4 SGB II (früher § 31 Abs. 6 S. 3 SGB II) kann das Jobcenter bei erwerbsfähigen Hilfebedürftigen, die das 15. Lebensjahr, jedoch nicht das 25. Lebensjahr vollendet haben, die Absenkung unter Berücksichtigung aller Umstände des Einzelfalls auf sechs Wochen verkürzen.
1. Welche Umstände sind hiermit gemeint?
2. Gebietet die besondere Lebenssituation einer Antragstellerin, die unter anderem durch die Alleinerziehung ihres vier Jahre alten Sohnes geprägt ist, eine Verkürzung?
3. Besteht bei einer Sanktion ein Ermessensspielraum?
4. Wenn ja, woraus ergibt sich das und was bedeutet das?

<u>LSG Berlin-Brandenburg, Beschluss vom 13.10.2008, L 25 B 1835/08 AS ER:</u>

Zu 1.:
Grad des Verschuldens, Alter, Einsichtsfähigkeit, Verhalten nach dem Pflichtverstoß, Wirkungen auf die Integrationsfähigkeit und –bereitschaft.

Zu 2.:
Hier bejaht.

Zu 3.:
Ja.

Zu 4.:
§ 31 Abs. 6 S. 3 SGB II (heute: § 31b Abs. 1 S. 4 SGB II)
Da dem Jobcenter ein Ermessen hinsichtlich der Abkürzung des Sanktionszeitraums eröffnet ist, hat der erwerbsfähige Leistungsberechtigte nur dann einen Anspruch auf Abkürzung, wenn das Ermessen aufgrund der Besonderheiten des Einzelfalls dahin reduziert ist, dass sich allein die Verkürzung als rechtmäßig erweist.
Siehe auch Seite 96

Anhang II   Musterbescheide

Fall 1

Frau Muster ist 30 Jahre alt; sie verfügt über kein Einkommen.

Mit Bescheid vom 01.02.2017 wurden Frau Muster für die Zeit 01.02.2017 bis 31.01.2018 SGB II-Leistungen von monatlich 800,00 € (= 409,00 € Regelbedarf; 340,00 € Kosten der Unterkunft zzgl. 51,00 € Heizkosten) bewilligt.

Am 03.02.2017 schloss das Jobcenter Musterkreis mit Frau Muster eine Eingliederungsvereinbarung.

Unter dem Punkt „Bemühungen der Leistungsberechtigten" regelte die Eingliederungsvereinbarung Folgendes:

„(...) Frau Muster bewirbt sich um eine sozialversicherungspflichtige Stelle. Sie bewirbt sich auch auf befristete Stellen und bei Zeitarbeitsfirmen.

Sie weist dem Jobcenter monatlich 5 Bewerbungen nach jeweils bis zum dritten Arbeitstag des Folgemonats."

Trotz schriftlicher Belehrung über die Rechtsfolgen erfüllte Frau Muster ihre Pflicht nicht; die Nachweise für den Monat März 2017 legte sie bis zum 06.04.2017 nicht vor.

Auf die Anhörung vom 07.04.2017 antwortete Frau Muster nicht.

Zeitpunkt des Erlasses des Sanktionsbescheides ist der 24.04.2017.

**Leistungen nach dem Sozialgesetzbuch Zweites Buch (SGB II)
Minderung des Arbeitslosengeldes II**

Sehr geehrte Frau Muster,

Ihr Arbeitslosengeld II mindert sich vom 01.05.2017 bis 31.07.2017 um monatlich 122,70 € (= 30 % des Regelbedarfs).

Meinen Bewilligungsbescheid vom 01.02.2017 hebe ich teilweise auf vom 01.05.2017 bis 31.07.2017 in Höhe von 122,70 € monatlich.

Begründung:

Am 03.02.2017 haben Sie mit mir eine Eingliederungsvereinbarung geschlossen. Darin haben Sie sich verpflichtet, monatlich 5 Bewerbungen jeweils bis zum 3. Arbeitstag des Folgemonats nachzuweisen.

Trotz schriftlicher Belehrung über die Rechtsfolgen erfüllten Sie diese Pflicht nicht. Die Nachweise für den Monat März 2017 haben Sie entgegen der Vereinbarung nicht bis zum 06.04.2017 vorgelegt.

Sie haben keinen wichtigen Grund vorgetragen, der Ihr Verhalten rechtfertigen könnte; auch ist ein solcher Grund nicht ersichtlich.

Ihre 409,00 € Regelbedarf mindern sich deshalb um 30 % (§ 31 Abs. 1 S. 1 Nr. 1 in Verbindung mit § 31a Abs. 1 S. 1 SGB II).

Meinen Bewilligungsbescheid vom 01.02.2017 muss ich vom 01.05.2017 bis 31.07.2017 monatlich in Höhe von 122,70 € aufheben (§ 48 Abs. 1 S. 1 Sozialgesetzbuch Zehntes Buch).

Wiederholen Sie eine gleichartige Pflichtverletzung bis zum 30.04.2018, mindert sich der Regelbedarf bei der ersten Wiederholung um 60 %.

Die Minderung dauert 3 Monate und beginnt mit dem Kalendermonat nach Zugang des Sanktionsbescheides. In dieser Zeit überweise ich Ihre Unterkunfts- und Heizkosten an Ihren Vermieter (§ 31a Abs. 3 S. 3 SGB II).

Bei jeder weiteren Pflichtverletzung entfällt Ihr Arbeitslosengeld II vollständig.

Mit dem Ende des Leistungsbezuges endet auch Ihr Kranken- und Pflegeversicherungsanspruch nach § 5 Abs. 1 Nr. 2a Sozialgesetzbuch Fünftes Buch (SGB V) und § 20 Abs. 1 Nr. 2a Sozialgesetzbuch Elftes Buch (SGB XI). Allerdings besteht weiterhin Versicherungspflicht (§ 5 Abs. 1 Nr. 13 SGB V und § 20 Abs. 1 Nr. 12 SGB XI); Sie müssen die Beiträge selbst tragen. Sind Sie hierzu nicht in der Lage, entstehen Beitragsrückstände, die für die Dauer der

Hilfebedürftigkeit jedoch keine Nachteile für Ihren Kranken- und Pflegeversicherungsschutz haben.

Während des Wegfalls Ihrer Leistungen besteht auch kein Anspruch auf Hilfe zum Lebensunterhalt nach dem Sozialgesetzbuch Zwölftes Buch (§ 31b Abs. 2 SGB II). Zudem besteht kein Anspruch auf eine vorzeitige Leistung, wenn der Leistungsanspruch im Folgemonat durch eine Sanktion gemindert ist (§ 42 Abs. 2 SGB II).

Bei einer Minderung um mehr als 30 % des Regelbedarfs kann ich Ihnen jedoch auf Antrag ergänzende Sachleistungen oder geldwerte Leistungen in angemessenem Umfang erbringen (§ 31a Abs. 3 S. 1 SGB II). Bei einer Gewährung dieser Leistungen erbringe ich auch weiterhin Ihre Beiträge zur Kranken- und Pflegeversicherung.

Ihre Rechte:
Gegen diesen Bescheid können Sie innerhalb eines Monats nach Bekanntgabe Widerspruch erheben. Der Widerspruch ist schriftlich oder zur Niederschrift einzulegen beim Jobcenter Musterkreis in 12345 Musterstadt, Musterstraße 2.

Freundliche Grüße
Im Auftrag

Mustermann

Fall 2

Frau Muster ist 30 Jahre alt; sie verfügt über kein Einkommen.

Mit Bescheid vom 01.02.2017 wurden Frau Muster für die Zeit 01.02.2017 bis 31.01.2018 SGB II-Leistungen von monatlich 800,00 € (= 409,00 € Regelbedarf; 340,00 € Kosten der Unterkunft zzgl. 51,00 € Heizkosten) bewilligt.

Am 03.02.2017 schloss das Jobcenter Musterkreis mit Frau Muster eine Eingliederungsvereinbarung.

Unter dem Punkt „Bemühungen der Leistungsberechtigten" regelte die Eingliederungsvereinbarung Folgendes:

„(...) Frau Muster bewirbt sich um eine sozialversicherungspflichtige Stelle. Sie bewirbt sich auch auf befristete Stellen und bei Zeitarbeitsfirmen.

Sie weist dem Jobcenter monatlich 5 Bewerbungen nach jeweils bis zum dritten Arbeitstag des Folgemonats."

Trotz schriftlicher Belehrung über die Rechtsfolgen erfüllte Frau Muster ihre Pflicht nicht; die Nachweise für den Monat Juni 2017 legte sie bis zum 06.07.2017 nicht vor.

Auf die Anhörung vom 07.07.2017 antwortete Frau Muster nicht.

Zeitpunkt des Erlasses des Sanktionsbescheides ist der 25.07.2017.

Bereits mit Bescheid vom 24.04.2017 minderte das Jobcenter Musterkreis die Leistungen der Frau Muster in Höhe von 30 % des Regelbedarfs für die Zeit 01.05.2017 bis 31.07.2017; sie hatte die Bewerbungsbemühungen für den Monat März 2017 nicht bis zum 06.04.2017 vorgelegt.

**Leistungen nach dem Sozialgesetzbuch Zweites Buch (SGB II)
Minderung des Arbeitslosengeldes II**

Sehr geehrte Frau Muster,

Ihr Arbeitslosengeld II mindert sich vom 01.08.2017 bis 31.10.2017 um monatlich 245,40 € (= 60 % des Regelbedarfs).

Meinen Bewilligungsbescheid vom 01.02.2017 hebe ich teilweise auf vom 01.08.2017 bis 31.10.2017 in Höhe von 245,40 € monatlich.

Begründung:

Am 03.02.2017 haben Sie mit mir eine Eingliederungsvereinbarung geschlossen. Darin haben Sie sich verpflichtet, monatlich 5 Bewerbungen jeweils bis zum 3. Arbeitstag des Folgemonats nachzuweisen.

Trotz schriftlicher Belehrung über die Rechtsfolgen erfüllten Sie diese Pflicht nicht. Die Nachweise für den Monat Juni 2017 haben Sie entgegen der Vereinbarung nicht bis zum 06.07.2017 vorgelegt.

Sie haben keinen wichtigen Grund vorgetragen, der Ihr Verhalten rechtfertigen könnte; auch ist ein solcher Grund nicht ersichtlich.

Sie haben damit Ihre Pflichten nach § 31 Abs. 1 SGB II innerhalb eines Jahres wiederholt verletzt. Bereits mit Bescheid vom 24.04.2017 hat sich Ihr Regelbedarf wegen einer gleichartigen Pflichtverletzung um 30 % gemindert.

Ihr Regelbedarf von 409,00 € mindert sich deshalb um 60 % (§ 31 Abs. 1 Satz 1 Nr. 1 in Verbindung mit § 31a Abs. 1 S. 2 SGB II).

Meinen Bewilligungsbescheid vom 01.02.2017 muss ich vom 01.08.2017 bis 31.10.2017 monatlich in Höhe von 245,40 € aufheben (§ 48 Abs. 1 S. 1 Sozialgesetzbuch Zehntes Buch).

Ihre Miete von 391,00 € monatlich überweise ich in der Zeit 01.08. – 31.10.2017 an Ihren Vermieter (§ 31a Abs. 3 S. 3 SGB II).

Ich kann Ihnen auf Antrag ergänzende Sachleistungen oder geldwerte Leistungen in angemessenen Umfang erbringen, da sich Ihr Regelbedarf um mehr als 30 % mindert (§ 31a Abs. 3 S. 1 SGB II). Soweit Sie solche Leistungen in Anspruch nehmen möchten, erhalten Sie für die Zeit 01.08.2017 – 31.10.2017 Gutscheine vor allem für Lebensmittel und Hygieneartikel in angemessener Höhe.

Wiederholen Sie eine gleichartige Pflichtverletzung bis zum 31.07.2018 *entfällt* das *Arbeitslosengeld II vollständig*.

Der Wegfall dauert 3 Monate und beginnt mit dem Kalendermonat nach Zugang des Sanktionsbescheides.

Mit dem Ende des Leistungsbezuges endet auch Ihr Kranken- und Pflegeversicherungsanspruch nach § 5 Abs. 1 Nr. 2a Sozialgesetzbuch Fünftes Buch (SGB V) und § 20 Abs. 1 Nr. 2a Sozialgesetzbuch Elftes Buch (SGB XI). Allerdings besteht weiterhin Versicherungspflicht (§ 5 Abs. 1 Nr. 13 SGB V und § 20 Abs. 1 Nr. 12 SGB XI); Sie müssen die Beiträge selbst tragen. Sind Sie hierzu nicht in der Lage, entstehen Beitragsrückstände, die für die Dauer der Hilfebedürftigkeit jedoch keine negativen Auswirkungen auf Ihren gesetzlichen Kranken- und Pflegeversicherungsschutz haben.

Während des Wegfalls Ihrer Leistungen besteht auch kein Anspruch auf Hilfe zum Lebensunterhalt nach dem Sozialgesetzbuch Zwölftes Buch (§ 31b Abs. 2 SGB II). Zudem besteht kein Anspruch auf eine vorzeitige Leistung, wenn der Leistungsanspruch im Folgemonat durch eine Sanktion gemindert ist (§ 42 Abs. 2 SGB II).

Ich kann Ihnen jedoch auf Antrag erneut ergänzende Sachleistungen oder geldwerte Leistungen in angemessenem Umfang erbringen (§ 31a Abs. 3 S. 1 SGB II). Bei einer Gewährung dieser Leistungen erbringe ich auch weiterhin Ihre Beiträge zur Kranken- und Pflegeversicherung.

Ihre Rechte:
Gegen diesen Bescheid können Sie innerhalb eines Monats nach Bekanntgabe Widerspruch erheben. Der Widerspruch ist schriftlich oder zur Niederschrift einzulegen beim Jobcenter Musterkreis in 12345 Musterstadt, Musterstraße 2.

Freundliche Grüße
Im Auftrag

Mustermann

Fall 3

Frau Muster ist 30 Jahre alt; sie verfügt über kein Einkommen.

Mit Bescheid vom 01.02.2017 wurden Frau Muster für die Zeit 01.02.2017 bis 31.01.2018 SGB II-Leistungen von monatlich 800,00 € (= 409,00 € Regelbedarf; 340,00 € Kosten der Unterkunft zzgl. 51,00 € Heizkosten) bewilligt.

Am 01.08.2017 haben das Jobcenter Musterkreis und Frau Muster die Eingliederungsvereinbarung vom 03.02.2017 fortgeschrieben.

Unter dem Punkt „Bemühungen der Leistungsberechtigten" regelte die Eingliederungsvereinbarung Folgendes:

„(…) Frau Muster bewirbt sich um eine sozialversicherungspflichtige Stelle. Sie bewirbt sich auch auf befristete Stellen und bei Zeitarbeitsfirmen.

Sie weist dem Jobcenter monatlich 5 Bewerbungen nach jeweils bis zum dritten Arbeitstag des Folgemonats. (…)".

Trotz schriftlicher Belehrung über die Rechtsfolgen erfüllte Frau Muster ihre Pflicht nicht; die Nachweise für den Monat September 2017 legte sie bis zum 05.10.2017 nicht vor.

Die Anhörung vom 06.10.2017 enthielt folgenden Hinweis:

„Die Minderung kann ich auf 60 % Ihres Regelbedarfs (z. Z. 245,40 €) beschränken, wenn Sie sich nachträglich bereit erklären, Ihrer Pflicht nachzukommen (§ 31a Abs. 1 Satz 6 SGB II)."

Auf die Anhörung antwortete Frau Muster jedoch nicht.

Zeitpunkt des Erlasses des Sanktionsbescheides ist der 24.10.2017.

Aufgrund der fehlenden Bewerbungen wurden die SGB II-Leistungen der Frau Muster bereits mit Bescheid vom 24.04.2017 um 30 % des Regelbedarfs und mit Bescheid vom 25.07.2017 um 60 % des Regelbedarfs gemindert.

Leistungen nach dem Sozialgesetzbuch Zweites Buch (SGB II)
Wegfall des Arbeitslosengeldes II

Sehr geehrte Frau Muster,

Ihr Arbeitslosengeld II entfällt vom 01.11.2017 bis 31.01.2018.

Meinen Bewilligungsbescheid vom 01.02.2017 hebe ich vom 01.11.2017 bis 31.01.2018 ganz auf.

Begründung:

Am 01.08.2017 haben Sie mit mir eine Eingliederungsvereinbarung geschlossen. Darin haben Sie sich verpflichtet, monatlich 5 Bewerbungen jeweils bis zum 3. Arbeitstag des Folgemonats nachzuweisen.

Trotz schriftlicher Belehrung über die Rechtsfolgen erfüllten Sie diese Pflicht nicht. Die Nachweise für den Monat September 2017 haben Sie entgegen der Vereinbarung nicht bis zum 05.10.2017 vorgelegt.

Sie haben keinen wichtigen Grund vorgetragen, der Ihr Verhalten rechtfertigen könnte, auch ist ein solcher nicht ersichtlich.

Sie haben damit Ihre Pflichten nach § 31 Abs. 1 SGB II zum dritten Mal verletzt. Bereits mit Bescheiden vom 24.04.2017 und 25.07.2017, hat sich Ihr Regelbedarf wegen gleichartigen Pflichtverletzungen gemindert. Deshalb entfällt Ihr Arbeitslosengeld II nun vollständig (§ 31 Abs. 1 S. 1 Nr. 2 in Verbindung mit § 31a Abs. 1 S. 3 SGB II).

Meinen Bewilligungsbescheid vom 01.02.2017 muss ich vom 01.11.2017 bis 31.01.2018 aufheben (§ 48 Abs. 1 S. 1 Sozialgesetzbuch Zehntes Buch).

Ich kann Ihnen auf Antrag ergänzende Sachleistungen oder geldwerte Leistungen in angemessenen Umfang erbringen, da sich Ihr Regelbedarf um mehr als 30 % mindert (§ 31a Abs. 3 S. 1 SGB II). Soweit Sie solche Leistungen in Anspruch nehmen möchten, erhalten Sie für die Zeit 01.11.2017 bis 31.01.2018 Gutscheine vor allem für Lebensmittel und Hygieneartikel in angemessener Höhe.

Wiederholen Sie eine gleichartige Pflichtverletzung bis zum 31.10.2018 entfällt das Arbeitslosengeld II erneut.

Der Wegfall dauert 3 Monate und beginnt mit dem Kalendermonat nach Zugang des Sanktionsbescheides.

Die Minderung kann ich auf 60 % Ihres Regelbedarfs beschränken, wenn Sie sich nachträglich bereit erklären, Ihrer Pflicht nachzukommen (§ 31a Abs. 1 S. 6 SGB II).

Mit dem Ende des Leistungsbezuges endet auch Ihr Kranken- und Pflegeversicherungsanspruch nach § 5 Abs. 1 Nr. 2a Sozialgesetzbuch Fünftes Buch (SGB V) und § 20 Abs. 1 Nr. 2a Sozialgesetzbuch Elftes Buch (SGB XI). Allerdings besteht weiterhin Versicherungspflicht (§ 5 Abs. 1 Nr. 13 SGB V und § 20 Abs. 1 Nr. 12 SGB XI); Sie müssen die Beiträge selbst tragen. Sind Sie hierzu nicht in der Lage, entstehen Beitragsrückstände, die für die Dauer der Hilfebedürftigkeit jedoch keine negativen Auswirkungen auf Ihren gesetzlichen Kranken- und Pflegeversicherungsschutz haben.

Während des Wegfalls Ihrer Leistungen besteht auch kein Anspruch auf Hilfe zum Lebensunterhalt nach dem Sozialgesetzbuch Zwölftes Buch (§ 31b Abs. 2 SGB II). Zudem besteht kein Anspruch auf eine vorzeitige Leistung, wenn der Leistungsanspruch im Folgemonat durch eine Sanktion gemindert ist (§ 42 Abs. 2 SGB II).

Ich kann Ihnen jedoch auf Antrag erneut ergänzende Sachleistungen oder geldwerte Leistungen in angemessenem Umfang erbringen (§ 31a Abs. 3 S. 1 SGB II). Bei einer Gewährung dieser Leistungen erbringe ich auch weiterhin Ihre Beiträge zur Kranken- und Pflegeversicherung.

Ihre Rechte:
Gegen diesen Bescheid können Sie innerhalb eines Monats nach Bekanntgabe Widerspruch erheben. Der Widerspruch ist schriftlich oder zur Niederschrift einzulegen beim Jobcenter Musterkreis in 12345 Musterstadt, Musterstraße 2.

Freundliche Grüße
Im Auftrag

Mustermann

Fall 4

Herr Muster ist 21 Jahre alt; alleinstehend. Seine Bruttokaltmiete beträgt 340,00 €, seine Heizkosten 51,00 € monatlich. Herr Muster bezieht Kindergeld von 192,00 € monatlich.

Mit Bescheid vom 01.03.2017 bewilligte das Jobcenter für die Zeit 01.03.2017 bis 28.02.2018 monatlich SGB II-Leistungen von 638,00 € (247,00 € Regelbedarf und 391,00 € Kosten für Unterkunft und Heizung). Die Bewilligung berücksichtigt das Kindergeld als Einkommen.

Am 02.03.2017 schloss das Jobcenter Musterkreis mit Herrn Muster eine Eingliederungsvereinbarung. Darin verpflichtete er sich, monatlich 5 Bewerbungen jeweils bis zum 3. Arbeitstag des Folgemonats, nachzuweisen.

Die Eingliederungsvereinbarung enthielt folgende Rechtsfolgenbelehrung:
(..) Weist Herr Muster ohne wichtigen Grund keine oder nicht ausreichende Bewerbungen nach, beschränkt sich sein Arbeitslosengeld II-Anspruch auf die Bedarfe für Unterkunft und Heizung; sein Regelbedarf entfällt.
Aufgrund der Anrechnung seines Einkommens aus Kindergeld von monatlich 192,00 € beschränkt sich somit sein Unterkunfts- und Heizkostenanspruch im Sanktionszeitraum auf monatlich 229,00 €. Diesen Betrag überweist das Jobcenter Musterkreis an den Vermieter; seine restlichen Unterkunfts- und Heizkosten muss Herr Muster im Sanktionszeitraum selbst tragen. (...)."

Trotz schriftlicher Belehrung über die Rechtsfolgen erfüllte Herr Muster seine Pflicht nicht; die Nachweise für den Monat April 2017 legte er bis zum 05.05.2017 nicht vor.

Die Anhörung vom 08.05.2017 enthielt folgenden Zusatz:
Die Minderung des Auszahlungsanspruchs kann ich unter Berücksichtigung aller Umstände des Einzelfalls auf sechs Wochen verkürzen (§ 31b Abs. 1 S. 4 SGB II).

Auf die Anhörung antwortete Herr Muster, an einer Integration in den Arbeitsmarkt nicht interessiert zu sein. Daher wolle er sich auch keinesfalls bewerben.

Tag des Erlasses des Sanktionsbescheides ist der 26.05.2017.

**Leistungen nach dem Sozialgesetzbuch Zweites Buch (SGB II)
Minderung des Arbeitslosengeldes II**

Sehr geehrter Herr Muster,

Ihr Arbeitslosengeld II ist vom 01.06.2017 bis 31.08.2017 auf die Kosten für Unterkunft und Heizung in Höhe von 229,00 € monatlich beschränkt.

Meinen Bewilligungsbescheid vom 01.03.2017 hebe ich teilweise auf vom 01.06.2017 bis 31.08.2017 in Höhe von 409,00 € monatlich (= Regelbedarf 247,00 €; Kosten für Unterkunft und Heizung 162,00 €).

Begründung:
Am 02.03.2017 haben Sie mit mir eine Eingliederungsvereinbarung geschlossen. Darin haben Sie sich verpflichtet, monatlich 5 Bewerbungen jeweils bis zum 3. Arbeitstag des Folgemonats nachzuweisen.

Trotz schriftlicher Belehrung über die Rechtsfolgen erfüllten Sie diese Pflicht nicht. Die Nachweise für den Monat April 2017 haben Sie entgegen der Vereinbarung nicht bis zum 05.05.2017 vorgelegt.
Sie haben keinen wichtigen Grund vorgetragen, der Ihr Verhalten rechtfertigen könnte; auch ist ein solcher Grund nicht ersichtlich.

Sie sind unter 25 Jahre alt. Deshalb ist Ihr Arbeitslosengeld II–Anspruch beschränkt auf die Bedarfe für Unterkunft und Heizung; Ihr Regelbedarf entfällt (§ 31 Abs. 1 Nr. 1 in Verbindung mit § 31a Abs. 2 S. 1 SGB II).

Aufgrund der Anrechnung Ihres Einkommens aus Kindergeld beschränkt sich Ihr Unterkunfts- und Heizkostenanspruch in der Zeit 01.06.2017 bis 31.08.2017 auf monatlich 229,00 €; diesen Betrag überweise ich auf das Konto Ihres Vermieters.

Meinen Bewilligungsbescheid vom 01.03.2017 muss ich teilweise vom 01.06.2017 bis 31.08.2017 in Höhe von 409,00 € monatlich aufheben (§ 48 Abs. 1 S. 1 Sozialgesetzbuch Zehntes Buch).

Die Minderung des Auszahlungsanspruchs kann ich unter Berücksichtigung aller Umstände des Einzelfalls auf sechs Wochen verkürzen (§ 31b Abs. 1 S. 4 SGB II). Eine Verkürzung des Minderungszeitraumes ist nach Abwägung der in Ihrem Fall vorliegenden Umstände mit den Interessen der Allgemeinheit jedoch nicht gerechtfertigt. Vor allem ergeben sich aus Ihrer persönlichen Lebenssituation keine Anhaltspunkte, die eine Verkürzung des Sanktionszeitraums rechtfertigen könnten; entgegenstehende Gründe haben Sie auch nicht vorgetragen. Vielmehr geben Sie an, an einer Integration in den Arbeitsmarkt nicht interessiert zu sein.

Ich kann Ihnen auf Antrag ergänzende Sachleistungen oder geldwerte Leistungen in angemessenem Umfang erbringen, da sich Ihr Regelbedarf um mehr als 30 % mindert (§ 31a Abs. 3 S. 1 SGB II). Soweit Sie solche Leistungen in Anspruch nehmen möchten, erhalten Sie für die Zeit 01.06.2017 bis 31.08.2017 Gutscheine vor allem für Lebensmittel und Hygieneartikel in angemessener Höhe.

Wiederholen Sie eine gleichartige Pflichtverletzung bis zum 31.05.2018 entfällt das *Arbeitslosengeld II vollständig*. Der Wegfall dauert 3 Monate und beginnt mit dem Kalendermonat nach Zugang des Sanktionsbescheides.

Mit dem Ende des Leistungsbezuges endet auch Ihr Kranken- und Pflegeversicherungsanspruch nach § 5 Abs. 1 Nr. 2a Sozialgesetzbuch Fünftes Buch (SGB V) und § 20 Abs. 1 Nr. 2a Sozialgesetzbuch Elftes Buch (SGB XI). Allerdings besteht weiterhin Versicherungspflicht (§ 5 Abs. 1 Nr. 13 SGB V und § 20 Abs. 1 Nr. 12 SGB XI); Sie müssen die Beiträge selbst tragen. Sind Sie hierzu nicht in der Lage, entstehen Beitragsrückstände, die für die Dauer der Hilfebedürftigkeit jedoch keine negativen Auswirkungen auf Ihren gesetzlichen Kranken- und Pflegeversicherungsschutz haben.

Während des Wegfalls Ihrer Leistungen besteht auch kein Anspruch auf Hilfe zum Lebensunterhalt nach dem Sozialgesetzbuch Zwölftes Buch (§ 31b Abs. 2 SGB II). Zudem besteht kein Anspruch auf eine vorzeitige Leistung, wenn der Leistungsanspruch im Folgemonat durch eine Sanktion gemindert ist (§ 42 Abs. 2 SGB II).

Ich kann Ihnen jedoch auf Antrag erneut ergänzende Sachleistungen oder geldwerte Leistungen in angemessenem Umfang erbringen (§ 31a Abs. 3 Satz 1 SGB II). Bei einer Gewährung dieser Leistungen erbringe ich auch weiterhin Ihre Beiträge zur Kranken- und Pflegeversicherung.

Ihre Rechte:
Gegen diesen Bescheid können Sie innerhalb eines Monats nach Bekanntgabe Widerspruch erheben. Der Widerspruch ist schriftlich oder zur Niederschrift einzulegen beim Jobcenter Musterkreis in 12345 Musterstadt, Musterstraße 2.

Freundliche Grüße
Im Auftrag

Musterfrau

Fall 5

Herr Muster ist 21 Jahre; alleinstehend. Seine Bruttokaltmiete beträgt 340,00 €, seine Heizkosten 51,00 € monatlich. Herr Muster bezieht Kindergeld von 192,00 € monatlich.

Mit Bescheid vom 01.03.2017 wurden Herrn Muster für die Zeit 01.03.2017 bis 28.02.2018 monatlich SGB II-Leistungen von 638,00 € bewilligt (247,00 € Regelbedarf und 391,00 € Kosten für Unterkunft und Heizung). Die Bewilligung berücksichtigt das Kindergeld als Einkommen.

Am 02.03.2017 schloss das Jobcenter Musterkreis mit Herrn Muster eine Eingliederungsvereinbarung. Darin verpflichtete sich Herr Muster, monatlich 5 Bewerbungen jeweils bis zum 3. Arbeitstag des Folgemonats, nachzuweisen.

Trotz schriftlicher Belehrung über die Rechtsfolgen erfüllte Herr Muster seine Pflicht nicht; die Nachweise für den Monat Juli 2017 legte er bis zum 04.08.2017 nicht vor.

Bereits mit Bescheid vom 26.05.2017 wurden seine SGB II-Leistungen für die Zeit 01.06.2017 bis 31.08.2017 auf die Kosten für Unterkunft und Heizung beschränkt; er hatte die angeforderten Bewerbungsbemühungen für den Monat April 2017 nicht vorgelegt.

Das Anhörungsschreiben vom 07.08.2017 enthielt folgenden Zusatz:

„(…) Ihre Leistungen kann ich unter Berücksichtigung aller Umstände des Einzelfalls auf die Kosten für Unterkunft und Heizung beschränken, wenn Sie sich nachträglich bereit erklären, Ihrer Pflicht nachzukommen (§ 31a Abs. 2 S. 4 SGB II). Aufgrund der Anrechnung Ihres Einkommens aus Kindergeld von monatlich 192,00 € beschränkt sich Ihr Unterkunfts- und Heizkostenanspruch im Sanktionszeitraum auf monatlich 229,00 €.
Des Weiteren kann ich die Minderung Ihres Auszahlungsanspruchs unter Berücksichtigung aller Umstände des Einzelfalls auf sechs Wochen verkürzen (§ 31b Abs. 1 S. 4 SGB II)."

Auf die Anhörung teilte Herr Muster mit, zukünftig an der Integration in den Arbeitsmarkt mitzuwirken. Seine Motivation, eine Arbeit zu finden, habe aufgrund des Zerwürfnisses mit seinen Eltern sowie dem anschließenden Rauswurf aus dem Elternhaus und der Trennung von seiner langjährigen Freundin gelitten; er habe schlichtweg die „Orientierung verloren". Er entschuldigt sich für sein Verhalten und legt mit seinem Antwortschreiben 7 Bewerbungen für den Monat August 2017 vor. Des Weiteren erklärt er sich bereit, eine berufsvorbereitende Maßnahme anzutreten, die sein persönlicher Ansprechpartner vorgeschlagen hat.

Tag des Erlasses des Sanktionsbescheides ist der 25.08.2017.

**Leistungen nach dem Sozialgesetzbuch Zweites Buch (SGB II)
Minderung des Arbeitslosengeldes II**

Sehr geehrter Herr Muster,

Ihr Arbeitslosengeld II ist vom 01.09.2017 bis 13.10.2017 auf die Kosten für Unterkunft und Heizung wie folgt beschränkt:

- in der Zeit vom 01.09.2017 bis 30.09.2017 in Höhe von 229,00 € und
- in der Zeit vom 01.10.2017 bis 13.10.2017 in Höhe von 99,23 €.

Meinen Bewilligungsbescheid vom 01.03.2017 hebe ich wie folgt auf:

- vom 01.09.2017 bis 30.09.2017 in Höhe von 409,00 €
 (= Regelbedarf 247,00 €; Kosten für Unterkunft und Heizung 162,00 €) und
- vom 01.10. bis 13.10.2017 in Höhe von 177,23 €
 (= Regelbedarf 107,03 €; Kosten für Unterkunft und Heizung 70,20 €).

Begründung:

Am 02.03.2017 haben Sie mit mir eine Eingliederungsvereinbarung geschlossen. Darin haben Sie sich verpflichtet, monatlich 5 Bewerbungen jeweils bis zum 3. Arbeitstag des Folgemonats nachzuweisen.

Trotz schriftlicher Belehrung über die Rechtsfolgen erfüllten Sie diese Pflicht nicht. Die Nachweise für den Monat Juli 2017 haben Sie entgegen der Vereinbarung nicht bis zum 04.08.2017 vorgelegt.

Sie haben keinen wichtigen Grund vorgetragen, der Ihr Verhalten rechtfertigen könnte; auch ist ein solcher Grund nicht ersichtlich.

Sie haben damit Ihre Pflichten nach § 31 Abs. 1 SGB II innerhalb eines Jahres zum wiederholten Mal verletzt. Bereits mit Bescheid vom 26.05.2017 hat sich Ihr Arbeitslosengeld II-Anspruch wegen einer gleichartigen Pflichtverletzung auf die Kosten für Unterkunft und Heizung beschränkt. Sie sind unter 25 Jahre alt. Deshalb entfällt Ihr Arbeitslosengeld II dem Grunde nach vollständig (§ 31 Abs. 1 S. 1 Nr. 1 in Verbindung mit § 31a Abs. 2 S. 2 SGB II).

Sie haben sich jedoch bereit erklärt, zukünftig Ihren Pflichten nachzukommen. Für den Monat August 2017 reichten Sie bereits 7 Bewerbungen ein. Des Weiteren erklärten Sie sich bereit, an einer berufsvorbereitenden Maßnahme teilzunehmen. Nach Abwägung der in Ihrem Fall vorliegenden Umstände mit den Interessen der Allgemeinheit entfällt Ihr Arbeitslosengeld II somit nicht, sondern wird auf die Bedarfe für Unterkunft und Heizung beschränkt (§ 31 Abs. 1 Nr. 1 in Verbindung mit § 31a Abs. 2 und § 31b SGB II).

Die Minderung beträgt regelmäßig drei Monate (§ 31b Abs. 1 S. 3 SGB II). Abweichend davon kann ich bei Leistungsberechtigten, die das 25. Lebensjahr noch nicht vollendet haben, unter Berücksichtigung aller Umstände des Einzelfalls, die Minderung auf sechs Wochen verkürzen (§ 31b Abs. 1 S. 4 SGB II). Die Verkürzung des Minderungszeitraumes steht in meinem pflichtgemäßen Ermessen.

Unter Berücksichtigung der Ziele des SGB II erscheint es angesichts der Besonderheit Ihres Falles zweckmäßig und angemessen, den Minderungszeitraum auf 6 Wochen zu verkürzen.

Sie wurden von Ihren Eltern aus der gemeinsamen Wohnung verwiesen. Sie teilten mit, vor allem der Konflikt mit Ihrer Familie habe es schwer gemacht, sich auf die Integration in Arbeit zu konzentrieren.

Da Sie sich nun einsichtig zeigen, sich im sanktionsbegründenden Ereignis in einer schwierigen Lebenssituation befunden haben und eine über sechswöchige Sanktion die erfolgreiche Teilnahme an der berufsvorbereitenden Maßnahme gefährden könnte, verkürze ich unter Berücksichtigung aller Umstände Ihres Einzelfalles die Minderung auf sechs Wochen.

Ihr Arbeitslosengeld II ist daher vom 01.09. bis 13.10.2017 unter Anrechnung Ihres Kindergeldes auf die Kosten für Unterkunft und Heizung beschränkt: vom 01.09. bis 30.09.2017 auf 229,00 € und vom 01.10. bis 13.10.2017 auf 99,23 €.

Meinen Bewilligungsbescheid vom 01.03.2017 muss ich vom 01.09.2017 bis 30.09.2017 in Höhe von 409,00 € und vom 01.10. bis 13.10.2017 in Höhe von 177,23 € aufheben (§ 48 Abs. 1 S. 1 Sozialgesetzbuch Zehntes Buch).

Ich kann Ihnen auf Antrag ergänzende Sachleistungen oder geldwerte Leistungen in angemessenem Umfang erbringen, da sich Ihr Regelbedarf um mehr als 30 % mindert (§ 31a Abs. 3 S. 1 SGB II). Soweit Sie solche Leistungen in Anspruch nehmen möchten, erhalten Sie für die Zeit 01.09.2017 bis 30.09.2017 Gutscheine vor allem für Lebensmittel und Hygieneartikel in angemessener Höhe.

Wiederholen Sie eine gleichartige Pflichtverletzung bis zum 31.08.2018 entfällt das *Arbeitslosengeld II vollständig*. Der Wegfall dauert 3 Monate und beginnt mit dem Kalendermonat nach Zugang des Sanktionsbescheides.

Mit dem Ende des Leistungsbezuges endet auch Ihr Kranken- und Pflegeversicherungsanspruch nach § 5 Abs. 1 Nr. 2a Sozialgesetzbuch Fünftes Buch

(SGB V) und § 20 Abs. 1 Nr. 2a Sozialgesetzbuch Elftes Buch (SGB XI). Allerdings besteht weiterhin Versicherungspflicht (§ 5 Abs. 1 Nr. 13 SGB V und § 20 Abs. 1 Nr. 12 SGB XI); Sie müssen die Beiträge selbst tragen. Sind Sie hierzu nicht in der Lage, entstehen Beitragsrückstände, die für die Dauer der Hilfebedürftigkeit jedoch keine negativen Auswirkungen auf Ihren gesetzlichen Kranken- und Pflegeversicherungsschutz haben.

Während des Wegfalls Ihrer Leistungen besteht auch kein Anspruch auf Hilfe zum Lebensunterhalt nach dem Sozialgesetzbuch Zwölftes Buch (§ 31b Abs. 2 SGB II). Zudem besteht kein Anspruch auf eine vorzeitige Leistung, wenn der Leistungsanspruch im Folgemonat durch eine Sanktion gemindert ist (§ 42 Abs. 2 SGB II).

Ich kann Ihnen jedoch auf Antrag erneut ergänzende Sachleistungen oder geldwerte Leistungen in angemessenem Umfang erbringen (§ 31a Abs. 3 S. 1 SGB II). Bei einer Gewährung dieser Leistungen erbringe ich auch weiterhin Ihre Beiträge zur Kranken- und Pflegeversicherung.

Ihre Rechte:
Gegen diesen Bescheid können Sie innerhalb eines Monats nach Bekanntgabe Widerspruch erheben. Der Widerspruch ist schriftlich oder zur Niederschrift einzulegen beim Jobcenter Musterkreis in 12345 Musterstadt, Musterstraße 2.

Freundliche Grüße
Im Auftrag

Musterfrau

Stichwortverzeichnis

Aktenverfügung 22
Anhörung 14, 23, 143
Anrede 16
Arbeitsgelegenheit 30, 34, 54f., 65, 114, 118
Arbeitsgewöhnung 65
Arbeitsunfähigkeit 50, 82, 120f.
Ausgewogenheit 55

Befangenheit 22
Beginn der Minderung 104ff.
Begründung 12, 19ff.
Behörde, erlassende 12, 15
Beispiele 108ff., 131ff.
Bekanntgabe 13ff., 105
Bemühungen 53, 59f., 125, 131ff.
Beratung 8
Bescheidempfänger 15
Besonderheiten bei unter 25-Jährigen 93ff., 130
Bestimmtheit 12, 18f., 23ff., 36, 55, 110
Beweislast 8f., 32, 41, 60, 80
Bewerbungen 55, 71, 116, 124f.
Bewerbungskosten 70, 73, 125

Dauer der Minderung 104ff.
Desinteresse 56, 65

Einführung 6ff.
Eingliederungskonzept 75
Eingliederungsvereinbarung 53ff.
Eingliederungsverwaltungsakt 53ff.
Einkommensanrechnung 38

Entscheidungstenor 17
Erfolgsaussicht 52
Ermächtigungsgrundlage 17,
Ermessen 74, 78, 84, 89, 94, 98f., 128

Fälle und Lösungen 116ff.
Feststellungsklage 67
Form 12f., 21, 64, 69
Formenmissbrauch 73
Freudlosigkeit 122

Gegenleistung 27, 55, 73
Grund, wichtiger 40ff.
Grundsatz der Verhältnismäßigkeit 18, 39, 83, 115
Grundsatz des Forderns 10f.

Integrationskurs 51, 122

Koppelungsverbot 73
Krankenversicherung 99, 102f.
Kündigung 49, 56, 67

Leistungsfähigkeit 112
Leistungsgrundsätze 73, 75, 125

Meldeaufforderung 31, 36, 76ff., 120, 126ff.
Meldeversäumnis 76ff., 85, 91, 120, 126ff.
Minderung 86ff.
Minderungszeitraum 104ff.
Musterbescheide 131 ff.

Namenswiedergabe 12, 22

Nichtigkeit 15, 49, 55, 57, 64, 73

Pflegeversicherung 102f.
Pflichten 53ff.
Pflichtverletzung, wiederholte 88ff.
Pflichtverletzungen 53ff.
Probearbeit 70, 123

Rechtsbehelfsbelehrung 13, 21f.
Rechtsfolgen 86ff.
Rechtsfolgenbelehrung 30ff.
Rechtswidrigkeit 71, 105

Sachleistungen 98ff.
Sanktionsbescheid, Anforderungen 12ff.
Sanktionsbescheid, Muster 131ff.
Satzbau 112
Schlussformel 16
Schriftform 64
Selbstbestimmung, informationelle 71, 124
Sitten, gute 19
Sonderbedarfe 89
Sonntagsarbeit 72
Sperrzeit 53, 57ff., 104ff.
Sprachkurs 69

Tätigkeiten 42, 43
Tenor 17
Terminunfähigkeit 51

Umstände des Einzelfalles 20, 86, 88, 94
Unklarheiten 59, 63, 79
Unterschrift 12, 22, 64
Untersuchung 51, 76ff.

Verhältnismäßigkeit 18, 39, 83, 115
Verhalten, unwirtschaftliches 8, 30, 56f.
Vermittlungsvorschlag 36, 63, 74
Verständlichkeit 107ff.
Vertrag, öffentlich-rechtl. 67, 73
Verwaltungsakt, Begriff 14
Voraussetzungen nach § 31 53ff.
Voraussetzungen nach § 32 76ff.
Vorbehalt des Gesetzes 17
Vorrang des Gesetzes 17
Vorwerfbarkeit 54ff., 59, 77, 78, 82

Warnfunktion 26, 31, 36, 38
Wegfall 88, 129
Weigern 53, 55, 61, 63, 68
Wirksamkeit 13ff., 34f., 55, 114, 117

Zeitraum 104ff.
Zumutbarkeit 41, 48, 68, 70, 123

Literaturverzeichnis

Bansen, Frank, Eingliederungsvereinbarung und Eingliederungsverwaltungsakt nach dem SGB II, Gummersbach 2017

Beck'scher Online-Kommentar Sozialrecht, Rolfs/Giesen/Kreikebohm/Udsching, 43. Editition

Berlit, Uwe, Änderungen im Sanktionsrecht des SGB II zum 1. April 2011, info also 2/2011

Bundesverwaltungsamt, Bürgernahe Verwaltungssprache, 4. Auflage, Köln 2002

Eicher, Wolfgang, SGB II, 3. Auflage, München 2013

Gagel, Alexander, 63. EL Oktober 2016, SGB II

jurisPK-SGB I, Schlegel/Voelzke, 2. Auflage 2011

jurisPK-SGB II, Schlegel/Voelzke, 4. Auflage 2015

Kasseler Kommentar zum Sozialversicherungsrecht, 89. EL März 2016

Münder, Johannes, SGB II, Lehr- und Praxiskommentar, 6. Auflage, Baden Baden 2017

Reiners, Ludwig, Stilfibel – Der sichere Weg zum guten Deutsch, 33. Auflage, München 2003

Reiners, Ludwig, Stilkunde – Ein Lehrbuch deutscher Prosa, überarbeitete Ausgabe, München 1991

Schneider, Wolf, Deutsch – Das Handbuch für attraktive Texte, Reinbek bei Hamburg 2005

Schneider, Wolf, Deutsch für Kenner – Die neue Stilkunde, 8. Auflage, München 2003

Schneider, Wolf, Deutsch für Profis – Wege zu gutem Stil, München 2001

Schneider, Wolf, Deutsch fürs Leben – Was die Schule zu lehren vergaß, 11. Auflage, Reinbek bei Hamburg 2002

Schulz von Thun, Friedemann, Miteinander reden 1, Reinbek bei Hamburg 1981

Printed in Poland
by Amazon Fulfillment
Poland Sp. z o.o., Wrocław